野菜をおいしく

ベジ道《どう》楽《らく》

楽しむための偏愛ガイド

稲田俊輔

西東社

まえがき

人はなぜ野菜を食べるのか。

もしそんな問いに答えなければならないとしたら、僕は「おいしいから」とだけ答えたい、と常々思っています。もちろん野菜はカラダにいい。とかく高カロリーな肉や炭水化物メインに傾きがちな現代の食生活において、野菜もバランスよく食べるべき、というのは定説です。しかしだからといって、野菜は健康のために食べるものなのだ、という言い回しを素直に受け止められない自分もいます。それは野菜に対してちょっと失礼なのではないか、と思ってしまうのです。おいしいから食べる、その結果として食生活がヘルシーなものになったのならラッキー、という感じの向き合い方をしたいものだ、と思っています。

僕は職業柄もあって外食も結構多いのですが、その反動も多少はあってか、家で作って食べる食事をとても大事に考えています。家庭料理ならではのよさっていろいろありますが、野菜を思う存分食べられる、というのはその最大のひとつなのではないでしょうか。これは自分が外食を提供する側でもあるからよくわかるのですが、外食で見せかけだけではないおいしい野菜料理をたっぷり出すというのは、なかなかの難事業なんです。

だからこそ家庭では、見た目が少々地味でもひたすらおいしさだけを追求した野菜料理を、心置きなくたっぷりと食べたいと思うんですね。本書で紹介する野菜料理はそういうものですし、なぜその野菜がおいしいのか、ということを隅々まで言語化することも試みました。時にはレシピを別の野菜に置き換えてもいいわけで、それがよりやりやすいように、それぞれの野菜は「アブラナ科」など科別にまとめてあります。

そんな本書の野菜料理のほとんどは、基本的にとてもシンプルです。もちろん色とりどりの野菜を肉や魚介類と組み合わせるような複雑な料理も（お店みたいで）いいものですが、生活の基盤となる野菜料理は、季節の野菜を衝動的に買ってきて、それをなるべく新鮮なうちに使い切っていかに楽しむか、みたいなところに結局行き着く気がします。

だから本書は、野菜そのものの楽しさを徹底的に追求する本を目指しました。それが「ベジ道楽」という概念です。買い物の時に気になった野菜をなんとなくカゴに放り込んで、さてこれを今日はどうやって一番おいしく食べよう？としばし考えを巡らす。そんなささやかだけど幸せな瞬間に、ふと開く本になればと願っています。

目次

PART 2 ナス科 スター級の主役野菜が勢揃い

PART 3 ウリ科 夏の渇きを潤す さっぱり野菜

PART 4

キク科・ヒガンバナ科・ショウガ科

苦味や独特な香りで存在感を示す

PART 5

その他の野菜

さまざまな「植物」から「野菜」へ

コラム

〈本書の使い方〉

- ●野菜は特に記載がなければ皮をむくなどの下処理をしてから使います。
- ●温度、時間、火加減はあくまで目安です。キッチン環境に応じて調整してください。
- ●レシピに仕上がり重量の目安を記載している場合は、最終的にその重量になるように調整します。
- ●電子レンジは600Wのものを使用しています。

プロローグ

野菜をおいしく食べるための12の調理法

戦前の日本の農村では、野菜料理といえば「味噌で煮る」か「塩や糠で漬ける」を中心に、バリエーションはさほど多くはなかったようです。そしてそれはいずれも、あくまでごはんや雑穀を大量に食べるための「しょっぱいおかず」でした。貧しい食事といえばそれまでかもしれませんが、とれたての旬の野菜が季節ごとに移り変わっていけば、調理法が同じでも、きっとそれは日々の楽しみでもあったことでしょう。

現代では、いつでもいろいろな野菜が手に入ります。料理も多様化しましたし、サラダはすっかり日常食になりましたし、炒めたり揚げたりといった油を多用する調理法も当たり前どころか、世界中のさまざまな料理が家庭でも普通に作られており、味付けの加減もさまざまです。

それでも、**季節ごとの野菜をシンプルな調理法で楽しむということ自体は、家庭料理ならではの特権**だと思います。一年中変わらない凝った味付けの料理は外食ですぐに出会える時代ですし、お惣菜売り場や冷凍食品コーナーでも簡単に手に入ります。しかし、あくまで野菜を主役に野菜そのもののおいしさを味わいたいと思ったら、自分の目で見て野菜を買ってきて、それを家で料理するのに越したことはないのです。

このプロローグでは、そんな**野菜ライフの基本となる、ベーシックな調理法を集めました。特別な調味料も技術も要りません。**そして季節が変わっていくごとに、いろいろな野菜に応用できる調理法ばかりです。本書にはこの後の各章でさまざまなレシピが登場しますが、そのほとんどは結局のところ、こういったベーシックな調理法の応用や組み合わせなのです。

シンプルな料理ほど、ちょっとしたコツや味付けのバランスでおいしさが大きく変化するものですが、ここでは可能な限りそれを数値化して、誰もが確実においしさに到達できるようにしました。最初はなるべく正確にレシピの通りに、そしてその後はご自分の好みで微調整して、一生モノのレシピに育てていってください。

1 浸す

単にゆでて醤油とおかかをかけただけのお浸しも素朴でよいものですが、ちゃんとだしに「浸す」お浸しには、格別のおいしさがあります。24ページでご紹介する「きほんのだし」を常備すれば、料理屋さん風のお浸しがいつでも気楽に作れます。その場合は野菜の水けはしっかり絞り、絞った分だけだしを含ませるのがコツ。絞った後の重量を量ってレシピ通りのだしと醤油を合わせれば失敗がありません。三つ葉や春菊など香りの強い野菜を少し混ぜるのもたいへんおいしいものです。

きほん型

水菜のお浸し

スタンダードなお浸しです。
だしとともに水菜の味わいを
しみじみ楽しんでください。

材料（作りやすい分量）

水菜 …… 100g（ゆでた後の重量）
浸し地
- きほんのだし（P24） … 50g
- 薄口醤油 …… 10g

① 鍋に湯を沸かし、水菜をさっとゆでる。水にさらし、水けをよく絞る。

② ①を3cm長さに切り、重さを量る。

③ 浸し地の材料を合わせ、②を浸す。

「浸す」に
おすすめの野菜

- キャベツ
- 白菜
- 菜の花
- 小松菜
- 青梗菜
- ほうれん草

など

浸し地

野菜 100
だし 50
薄口醤油 10

「浸す」
レシピ

浸し豆
▶P100

アスパラガスの
ごま浸し
▶P129

三つ葉のお浸し
▶P140

浸し地の割合を変えて

オクラのお浸し

オクラのお浸しは、ゆでた後に角をひと筋、細く切り落とすと、見栄えもよく味も染みやすくなります。薄味のだしたっぷりに浸せば、とても上品な仕上がりに。

材料（作りやすい分量）

オクラ……10本
A［きほんのだし（P24）……100g
　 薄口醤油……6g

作り方

① 鍋に湯を沸かし、オクラを好みの硬さにゆでる。
② ①のオクラの角を一筋細く切り落とす。
③ 混ぜ合わせたAに②を浸す。

根菜に変えて

里芋のだし浸し

根菜類などの火の通りにくい野菜は、あらかじめゆでたものをだしでさっと煮て、そのまま浸します。

材料と作り方（作りやすい分量）

里芋（皮をむいて）……200g
A［きほんのだし（P24）……160g
　 薄口醤油……20g
　 みりん……20g

① 鍋に里芋とかぶる程度の水（分量外）を入れ、中火で柔らかくなるまでゆで、水にさらす。
② 別の鍋に①、Aを入れて中火にかけ、沸騰したら火を止めてそのまま一度冷ます。食べる時には温め直す。

2 焼く

野菜を焼いてパラリと塩を振ったら、大体なんでもおいしくなります。ピーマンやししとう、玉ねぎ、かぼちゃあたりが代表的ですが、レタスやキャベツなどの葉物を切った面だけ焼くのもいいですし、大根やさつまいもを弱火でじっくり焼くのもおいしいものです。（なんでも焼くだけでOKとなったらレシピ本の存在意義が消失しますので、ここは読まなかったことにしてください。）おいしく焼けたら、あとは最低限のだしや調味料で、野菜そのもののおいしさをやさしく引き出します。

**「焼く」に
おすすめの野菜**

- かぶ
- パプリカ
- なす
- かぼちゃ
- ズッキーニ
- ゴーヤー

など

焼き浸し地

野菜 100
だし 60
濃口醤油 10
みりん 10

① フライパンに多めの油をひき、中火でピーマンを両面焼く。

② ①のピーマンの重さを量る。

③ 鍋に焼き浸し地の材料をすべて入れてさっと沸かし、②を浸す。

きほん型

ピーマンの焼き浸し

焼き浸しは、焼いた野菜を濃いめに味付けした浸し地に浸します。夏野菜との相性は抜群です。

材料（作りやすい分量）

ピーマン……100g（焼いた後の重量）
サラダ油……適量
焼き浸し地
　きほんのだし（P24）……60g
　濃口醤油……10g
　みりん……10g

「焼く」レシピ

なすしぎ焼き ▶P70

焼きゴーヤー ▶P96

長芋ステーキ ▶P149

3 揚げる

野菜の揚げ物といえば、なんといっても天ぷらです。天ぷらはえびや穴子よりなすなどの野菜、という人も少なくないのではないでしょうか。僕もそう思っているひとりです。揚げ物を家でするのはたいへんと思う方も多そうですが、小さめの深型フッ素樹脂加工のフライパンと、使い終わった油を冷蔵庫で保存するオイルポットがあれば、揚げ物はむしろ日々の料理で楽をするためのものにもできるはず。素揚げは天ぷらよりさらに楽で、天ぷら同様あらゆる野菜をおいしくしてくれます。

きほん型

かぶの素揚げ ポン酢

素揚げなら、手軽かつ野菜をたくさん食べられます。ポン酢ではなく、塩でさっぱりといただくのもオツなものです。

材料（作りやすい分量）

かぶ（実と葉に分け、それぞれ食べやすい大きさに切る）……適量
揚げ油……適量
ポン酢
- 柑橘の搾り汁……50g
- 濃口醤油……40g
- みりん……10g

① 揚げ油を160℃に熱し、かぶの実と葉をそれぞれさっと揚げる。ポン酢の材料を合わせておく。

② 油をきり、器に盛ってポン酢をかける。

「揚げる」に
おすすめの野菜

- なす
- ピーマン
- パプリカ
- ししとう
- ゴーヤー
- かぼちゃ

など

ポン酢

柑橘の搾り汁 50
濃口醤油 40
みりん 10

「揚げる」レシピ

山菜素揚げ ▶P54

ざくざくフライドポテト ▶P66

ワタごと素揚げゴーヤー ▶P96

4 煮る（煮浸し・含め煮）

煮浸しは、ひと鍋でさっと作れるので、お浸しよりむしろ気楽な料理でもあります。アクのあるほうれん草などは別としても、それ以外の青菜は大体なんでも使えます。小松菜のほかにも季節ごとの菜っぱや白菜、キャベツなどもよいものです。いずれにせよ少し油っけがあるとグンとおいしくなるので、薄揚げや厚揚げは欠かせません。ちょっと目先を変えて炒り卵もおすすめです。作りたてはもちろん、冷やしても味が染みておいしいので、常備菜として活用できます。

「煮る（煮浸し・含め煮）」におすすめの野菜

- 白菜
- 菜の花
- 青梗菜
- 水菜
- キャベツ

など

八方地

野菜	だし	薄口醤油	みりん
100	80	10	10

きほん型

小松菜の煮浸し

野菜をだしで直に煮る、煮浸し。アクの出ない野菜で作ることがポイントです。

材料（作りやすい分量）

小松菜（3cm長さに切る）と薄揚げ（食べやすい大きさに切る）……合わせて100g

八方地
- きほんのだし（P24）……80g
- 薄口醤油……10g
- みりん……10g

① 小松菜と薄揚げの合計の重さを量る。

② 鍋に八方地の材料を合わせ、中火で沸騰させる。

③ ①を加え、時々混ぜながらさっと煮る。

「煮浸し・含め煮」レシピ

キャベツと炒り卵の煮浸し ▶P33

かんぴょうと厚揚げの炊き合わせ ▶P97

レタスと厚揚げの煮浸し ▶P107

5 煮る（うま煮）

日常のおかずとして大活躍するのが「うま煮」。肉と野菜を組み合わせるのが基本で、肉じゃがもそのひとつです。あえて肉を入れずに作る場合は、最初に野菜を油で炒めて、水ではなくだしで煮込みます。ここで紹介するレシピは、材料を入れ替えてさまざまなうま煮が作れますので、ぜひいろいろ応用してください。甘味は最小限にしてありますので、お好みで砂糖（最大量10g）を加え「我が家の味」を作り出せたら、それはもう一生もののレシピです。

きほん型

鶏大根うま煮

鶏肉を入れれば、だし要らず。ひたひたの煮汁で煮て、最後に水分をほどよく飛ばします。

材料（作りやすい分量）

- 大根（皮をむき、食べやすい大きさに切る）……200g
- 鶏もも肉（食べやすい大きさに切る）……100g
- 濃口醤油……20g
- みりん……20g
- 水……かぶる程度

① 鍋にすべての材料を入れ、全体がかぶる程度の水を加えて中火にかける。

② 沸騰したらアクをすくい、弱火にして落としぶたをする。大根が柔らかくなり煮汁が大体煮詰まるまで煮る。

「煮る（うま煮）」におすすめの野菜

- かぶ
- ごぼう
- にんじん
- れんこん

など

うま煮の黄金比

- 野菜 100
- 肉 50
- 濃口醤油 10
- みりん 10
- 水 かぶる程度

「うま煮」レシピ

たけのこ土佐煮 ▶P153

6 炒め煮

炒め煮にはさまざまなパターンがあります。ここでご紹介するきんぴらは、醤油以外の水分を加えないほぼ炒め物に近いタイプで、ささがきごぼうのシャキシャキした歯ごたえを最大限に生かすならこれが一番。野菜の水分も引き出しつつじっくり火を入れていく関東風の作り方です。西日本だと、ごぼうはせん切りにしてさっと炒めた後にだしも加え、少し柔らかく仕上げます。れんこんやにんじんのきんぴらなら、そちらのほうが向いているでしょう。調味料の量はそのままでOKです。

「炒め煮」におすすめの野菜

- じゃがいも
- にんじん
- れんこん
- うど

など

炒め煮の黄金比

野菜 100	油 10
薄口醤油 18	砂糖 9

① フライパンにサラダ油、ごま油少々を入れ、中火でごぼうを炒める。

② ごぼうに火が通ったら、醤油と砂糖を加え、全体を混ぜながら水分を飛ばすようにさらに炒める。

③ 仕上げに一味唐辛子と、ごまを指でひねりながら加える。

きほん型

きんぴらごぼう

だしを使わず、調味料だけでこってり味に仕上げます。硬い野菜なら、いずれもきんぴら向きです。

材料（作りやすい分量）

ごぼう（ささがき）……100g
サラダ油、ごま油……合わせて10g
薄口醤油……18g
砂糖……9g
一味唐辛子、いり白ごま……各少々

「炒め煮」レシピ

山うどと牛肉の炒め煮 ▶P55

うど皮のきんぴら ▶P55

れんこんと鶏皮のきんぴら ▶P151

7 蒸し煮

日本では、緑の野菜はなるべく短時間で色よく歯ごたえも残す調理法が主流ですが、時にはこうやって野菜がくたくたになるまでしっかり火を入れるのもまたおいしいものです。単に食感が柔らかくなるだけでなく、野菜本来の甘味や旨味がしっかり引き出されます。ブロッコリー以外の野菜でも応用できます。蒸し煮は、油脂の役割も重要。ここではバターですが、オリーブ油もおすすめです。後は塩だけでばっちり味が決まります。量がたっぷり食べられるのもうれしいところです。

きほん型

くたくたブロッコリー

蒸し煮は、野菜のおいしさが凝縮する調理法です。最後にブロッコリーを粗く崩しながら少し水分を飛ばすとより濃厚な味わいに。

材料（作りやすい分量）

ブロッコリー（食べやすい大きさに切る）……100g

A
- バター……10g
- 塩……1g
- 水……30g

① ブロッコリーの重さを量る。

② Aを加える。

③ 中火にかけ、沸騰したらふたをして弱火にし、ブロッコリーが完全に柔らかくなるまで10分程度蒸し煮にする。

「蒸し煮」におすすめの野菜

- キャベツ
- パプリカ
- 玉ねぎ
- きのこ
- にんじん

など

蒸し煮の黄金比

- 野菜 100
- 油脂 10
- 塩 1
- 水 30

「蒸し煮」レシピ

じゃこペペロナータ ▶P75

ごぼうのアグロドルチェ ▶P111

甘くないにんじんグラッセ ▶P139

8 和える

ごまには50％以上の油脂が含まれます。油脂がふんだんに使われることがあまりない和食において、ごま和えはちょっと特別なご馳走でもありました。ごまを使う料理は、少し甘めの味付けで、ごまのコクを引き出すのがコツです。ごま和え用のごまは、すりごまとして売られているものが手軽ではありますが、やはりすりたてだと、別物といっていいくらい違います。とはいえすり鉢でするのは面倒でしょうから、おすすめは「スリッキー」というコンパクトなすりごま器です。

「和える」におすすめの野菜

- 菜の花
- 小松菜
- ズッキーニ
- 春菊
- アスパラガス
- オクラ

など

ごま和え衣

- 野菜 100
- すりごま 10
- 濃口醤油 10
- 砂糖 5

きほん型

ほうれん草のごま和え

水けをしっかり絞ることがポイント。ごまはなるべくすりたてを用意してください。

材料（作りやすい分量）

ほうれん草
……100g（ゆでた後の重量）

ごま和え衣
- すり白ごま……10g
- 濃口醤油……10g
- 砂糖……5g

① 鍋に湯を沸かし、ほうれん草をさっとゆで、水にさらして水けを絞る。

② ①を3㎝長さに切り、重さを量る。

③ ごま和え衣の材料を混ぜて、②を和える。

「和える」レシピ

菜の花の辛子和え ▶P48

ズッキーニのごま和え ▶P93

春菊の白和え ▶P109

9 漬ける

和食において漬ける料理の筆頭は「漬物」ですが、最近はあまり好まれなくなっているともいいます。しかし酢漬けは、塩分も少なくサラダやピクルスの感覚でよい箸休めになり、むしろ今こそもっと気軽に作られるべきなのではないかと思います。市販のものはどうしても甘味が勝ちがちなので、ここではもっとさっぱりと仕上げる配合をご紹介します。作り置きしておけば、そのまま食べるだけでなく刻んで薬味にしたりマヨネーズと混ぜてタルタルソース風など、なにかと重宝します。

きほん型

みょうが甘酢漬け

ピクルス感覚で楽しめる自家製漬物。お好みで鷹の爪や昆布を加えても。

材料（作りやすい分量）

甘酢

水	60g
米酢	40g
砂糖	20g
塩	1g

みょうが（縦半分に切る）……100g

① 甘酢の材料を混ぜ合わせる。

② 鍋に熱湯を沸かし、みょうがを3秒ゆでる。

③ ボウルに②のみょうがを移し、みょうがと同量程度の①をひたひたに注ぐ。

「漬ける」におすすめの野菜

- 大根
- かぶ
- トマト
- 玉ねぎ
- 新しょうが
- セロリ

など

甘酢

野菜	水	酢	砂糖	塩
100	60	40	20	1

「漬ける」レシピ

白菜の切り漬け
▶P40

きゅうりの30分漬け
▶P85

らっきょう塩水漬け
▶P120

10 ポタージュ

野菜のおいしさをすべて舌で受け止めて味わい尽くす料理がポタージュです。スープというとコンソメやブイヨンが必須と思ってしまいがちですが、少なくともポタージュに関しては、野菜の持つ旨味だけで十分。あまりほかのものを足しすぎても、野菜の微妙な味わいが隠れてしまいます。スープとしては、いろいろな野菜をたっぷりと肉類をバランスよく合わせてコトコト煮込む「具だくさんスープ」もおすすめです。この場合もコンソメなどを足す必要はありません。

きほん型

にんじんのポタージュ

コンソメ、バター、生クリーム不要、味付けは塩のみ。野菜の旨味をストレートに味わえます。

材料（作りやすい分量）

A	にんじん（薄切り）	200g
A	玉ねぎ（薄切り）	100g
A	水	150g
牛乳		150g
塩		適量（目安3g）

① 鍋にAを入れて中火にかけ、沸騰したらふたをして弱火にし、野菜が完全に柔らかくなるまで20分程度蒸し煮にする（水は適宜足し、ひたひたをキープする）。

② 粗熱を取り、ミキサーにかける。

③ 鍋に入れて中火で沸かし、牛乳を入れて混ぜる。塩で味付けする。

「ポタージュ」におすすめの野菜

- ブロッコリー
- かぶ
- じゃがいも
- かぼちゃ
- さつまいも
- とうもろこし

など

ポタージュの黄金比

野菜 100
玉ねぎ 50
水 75
牛乳 75
塩 1.5

「ポタージュ」レシピ

かぼちゃのポタージュ
▶P91

11 野菜ごはん

炊き込みごはんというと、さまざまな具を細かく刻んでだしをとって……と、面倒なイメージもありますが、こういう野菜1種類だけのシンプルな炊き込みごはんも、その野菜の個性がはっきり楽しめておいしいものです。野菜はあまり細かく刻まず、少しゴロッと存在感を残すほうがおすすめ。さらにシンプルに、鶏肉なし、味付けは塩のみにアレンジするのもよいものです。要するに、豆ごはんや栗ごはんなどの塩味だけのごはんをいろいろな野菜でやってみる、ということですね。

「野菜ごはん」におすすめの野菜

- ごぼう
- きのこ
- 里芋
- にんじん
- れんこん

など

野菜ごはんの黄金比

- 野菜 100
- 米 2合
- 鶏肉 100
- 薄口醤油 36
- みりん 18
- 水 400

きほん型

たけのこごはん

季節の野菜を1種類に絞って作る炊き込みごはん。鶏肉が入れば旨味も充分。だしは不要です。

材料（作りやすい分量）

A
- 米 …… 300g（2合）
- 薄口醤油 …… 36g
- みりん …… 18g
- 水 …通常の水加減（400g）

鶏もも肉（細かめに切る）…100g
たけのこ（食べやすい大きさに切る）…… 100g

① 炊飯器の内釜に、Aを入れる。

② ①に、鶏肉とたけのこを加え、通常モードで炊飯する。

「野菜ごはん」レシピ

菜の花ごはん ▶P49

かぶら葉の菜めし ▶P51

とうもろこしごはん ▶P147

12 サラダ

サラダの基本はこのヴィネグレットドレッシングです。葉物野菜だけでなく、大体どんな野菜にもよく合います。凝ったドレッシングを作ったり買ってきたりするのも楽しいものですが、野菜のおいしさを引き出すには、やはりこういうシンプルなドレッシングが一番。シンプルな料理ほど味付けの加減はシビアになるので、冷水でパリッとさせた状態で野菜の重量を量り、分量通りの調味料を合わせると、しょっぱすぎたり味が足らなかったりといった失敗を防げます。

「サラダ」におすすめの野菜

- キャベツ
- 菜の花
- レタス
- ルッコラ
- 玉ねぎ
- セロリ

など

ヴィネグレットドレッシング

野菜 100
塩 1
酢 or レモン汁 5
油 15

① ボウルにヴィネグレットドレッシングの材料を入れ、しっかり混ぜ合わせる。

② サニーレタスを加え、葉の隅々までドレッシングが満遍なくコーティングされるように、指先でやさしくしっかり混ぜる。皿に盛り、ゆで卵をトッピングする。

きほん型

ミモザサラダ

シンプルなサニーレタスのサラダに、刻んだゆで卵をトッピングしてご馳走風に。

材料（作りやすい分量）

ヴィネグレットドレッシング
- 塩 …… 1g
- 酢 …… 5g
- オリーブ油 …… 15g

サニーレタス（大きくちぎって冷水でパリッとさせ、水けをよくきる） …… 100g
ゆで卵（粗く刻む） …… 1個分

「サラダ」レシピ

クリスピーカリフラワーサラダ ▶P47

いろいろ青豆の温サラダ ▶P100

レタスの食いしん坊サラダ ▶P106

野菜を替えて

山うどとタコのピーラーサラダ

生の山うどはまるでフルーツのよう。ピーラーでスライスすれば、ぐっとおしゃれな一品に。

材料（作りやすい分量）と作り方

山うど（皮を厚くむいた太い部分をピーラーでスライス）……適量
タコ（スライス）……適量
パプリカパウダー（あれば）……適量
ヴィネグレットドレッシング（P22）……適量

① うどはパリパリになるまで水にさらし、水けをきる。
② 皿にタコを並べ、パプリカパウダーを振る。
③ ②に①をのせ、ヴィネグレットドレッシングをかける。

ヴィネグレットドレッシングをアレンジ

コールスロー

オイル＆ビネガーでしっかり下味を付けることで、少量のマヨネーズで味が決まります。お好みで練り辛子を加えると、キャベツとよく合い、大人の味に。

材料（作りやすい分量）と作り方

A
- キャベツ（せん切り）……100g
- 塩……1g
- こしょう……少々
- 酢……10g
- サラダ油……10g

マヨネーズ……10g
練り辛子（お好みで）……適量

① Aの材料を合わせてしばらく置き、キャベツがしんなりしたら軽く汁けをきる。
② ①にマヨネーズと辛子を加え、和える。

野菜を替えて

菜の花とアンチョビのサラダ

菜の花とアンチョビを組み合わせれば、旨味と旨味の相乗効果が楽しめます。

材料（作りやすい分量）と作り方

菜の花（やや柔らかめにゆで、長めに切る）……100g
ヴィネグレットドレッシング（P22）……10g
アンチョビフィレ……2枚

① ボウルに菜の花とヴィネグレットドレッシングを入れて和える。
② ①を皿に盛り、アンチョビをのせ、お好みで粗挽き黒こしょうを振る。

野菜をおいしく食べるための きほんのだし

普段使いにぴったりのだしです。お浸しなどに少量使うならそのまま、煮浸しや含め煮にたっぷり使う時は、煮干しや昆布ごと一度さっと沸かして使います。

沸かしたほうがだしが少し濃くなるので、うどんなどにもおすすめです。最近は便利なだしもいろいろありますが、野菜のおいしさを生かすのは、なんといってもこういう素朴なだしでしょう。

材料と作り方（作りやすい分量）

水 …… 1000ml
煮干し …… 16g
昆布 …… 6g

ポットなどの容器にすべての材料を入れ、冷蔵庫でひと晩置く。冷蔵庫で保存し、4日程度を目安に使い切る。煮干しと昆布は入れっぱなしでよい。さっと沸かしてから煮干しと昆布を取り出すと、より濃厚なだしになる。

だしの代用　｜　だしの代用として、次のものも使えます。

だしパック

調味料などが入っていない素材オンリーのものがおすすめです。

顆粒だし・濃縮白だし・調味料入りだしパック

くどくならないよう、なるべく少量を使う。塩けに注意。

麺つゆ

本書では使用しませんが、一部、代用として使えます。

野菜をおいしく食べるための合わせ調味料

合わせ調味料の割合を示した一覧表です。

浸し地	野菜 100	だし 50	薄口醤油 10			
焼き浸し地	野菜 100	だし 60	濃口醤油 10	みりん 10		
ポン酢	柑橘の搾り汁 50	濃口醤油 40	みりん 10			
八方地	野菜 100	だし 80	薄口醤油 10	みりん 10		
うま煮	野菜 100	肉 50	濃口醤油 10	みりん 10	水 かぶる程度	
炒め煮	野菜 100	油 10	薄口醤油 18	砂糖 9		
蒸し煮	野菜 100	油脂 10	塩 1	水 30		
ごま和え衣	野菜 100	すりごま 10	濃口醤油 10	砂糖 5		
甘酢	野菜 100	水 60	酢 40	砂糖 20	塩 1	
ポタージュ	野菜 100	玉ねぎ 50	水 75	牛乳 75	塩 1.5	
野菜ごはん	野菜 100	米 2合	鶏肉 100	薄口醤油 36	みりん 18	水 400
ヴィネグレットドレッシング	野菜 100	塩 1	酢 or レモン汁 5	油 15		

サラダの定義

サラダとはいったいなんなのか？　サラダの定義とは？　これはなかなか難しい問題です。世間ではよく、「ポテトサラダやマカロニサラダはサラダといえるのか」なんていう、どうでもいいようでどうでもよくない論争が持ち上がったりもします。僕はかつてこの問題について深く慎重に思慮を巡らせ、その結果として、次のような結論に達しました。野菜主体・冷たい・酸味、この3つを満たせば、それは完全なサラダといえます。しかしそれだと条件が厳しすぎるので、僕としては、このうち2つを満たせばそれはサラダを名乗ることが許される、ということにしておきたい。

　これに基づいて考えると、ポテトサラダは完全なサラダです。じゃがいもというビタミンCも豊富な野菜が主体であり、冷たく、そしてマヨネーズなどの酸

サラダの条件

以下の基本条件のうち、2つを満たせばサラダを名乗る権利があり、3つを満たせば完全なサラダである。

条件①　野菜が主体

条件②　冷たい

条件③　酸味がある

追加条件

塩

サラダの語源はsal（塩）であり、なんらかの塩分が含まれることは条件以前の前提である。

油

必須とまではいえないが、ノンオイルの場合、「酢漬け」「酢の物」になってしまう可能性がある。

いったもん勝ち

条件を満たさずとも、作り手が強引にいい切って皆がうっすらでも納得していれば、サラダと認められるケースがまれにある（例：柔らか青豆の温サラダ）。

味もあるからです。マカロニサラダになると野菜が主体ではなくなるものの、ほかの2つの条件を満たしている以上、やっぱりサラダです。僕が好きなフランス料理に「サバとじゃがいものサラダ」があります。フライドポテトに焼いたサバをのせてシェリービネガーをかけた料理ですが、「野菜主体」「酸味」を満たしているため、堂々とサラダを名乗る権利があります。

こうやって考えていくと、世の中で一見サラダっぽくないのにサラダを名乗っている料理はほぼすべて、条件自体は満たしていることになるはずです。ただし僕が知る限りにおいて、ひとつだけ例外があります。それがサイゼリヤの「柔らかな青豆の温サラダ」。おいしいのでいったん目を瞑ることにしていますが、いつか白黒をはっきりさせてもらわねばなりません。

サラダの組み立て

サラダはベースの野菜にさまざまな食材を加えることで、無限に「ごちそう化」が可能。

ベースの野菜

レタス類を主体とするものがオーソドックスだが、ほぼすべての野菜はサラダになり得る。

肉・魚

ハム・ベーコンやツナ、サラダチキンあたりが一般的だが、筆者は大量のせん切りキャベツの上に豚のしょうが焼きをドカッとのせた「肉サラダ」をこよなく愛している。要するに、うまけりゃ何をのせてもいいといえる。

卵・チーズ

野菜の個性を生かしつつごちそう化するアイテムとして、この両者は極めて有能。筆者としては、はやりの温玉よりもむしろゆで卵や目玉焼きをおすすめしたい。

カリカリしたもの

お好きなパンをカリカリに焼く「自家製クルトン」やナッツ、あられやおかき、スナック菓子も侮れない。もちろんフライドポテトや野菜チップも。

クセのある野菜

セロリやピーマン、ハーブ類など、ひとクセある野菜が少量加わると、食べる楽しさが一気に向上。春菊、小松菜、かぶなどあまり生食のイメージがないものや、ピクルス類もいい仕事をする。

フルーツ

サラダにフルーツを加えると、世間は勝手にあなたのことを「料理上手」と認識してくれるはず。

菜の花

キャベツ

水菜

白菜

かぶ

カリフラワー

PART

1

大根

アブラナ科

辛味が魅力の
野菜界の最大派閥

クレソン

小松菜

ブロッコリー

青梗菜

かいわれ大根

ルッコラ

アブラナ科野菜は、野菜界の最大派閥です。ご覧の通り、さまざまな定番野菜がこの科に属しています。クセがなく柔らかく、調理時間が短くて済むだけでなく、ブロッコリーや白菜など、旨味を豊富に含む野菜が多いのも特徴。そして量の割に価格が安いものが多く、とにかく日常使いの要として欠かせません。

そんな**アブラナ科野菜の、密かな魅力のひとつが「辛味」**です。野菜はなんでもそうですが、長い年月をかけて品種改良により、大きく、柔らかく、食べやすくなっていきました。そんな中に残る「野性の記憶」のようなものが、アブラナ科野菜においては辛味なのです。

この辛味をダイレクトに生かすのが、たとえば「大根おろし」です。野沢菜や高菜、葉わさびなどは、その野性的な辛味を生かして漬物に加工されます。そもそも、わさびも辛子もアブラナ科の植物が原料。いずれにしても、**すりおろしたり押し潰したりという工程によって、細胞壁を壊して辛味成分を活性化させる**というのが、辛味を引き出すポイントです。そしてアブラナ科野菜のほとんどに、多かれ少なかれ、この辛味成分が含まれます。そしてこの**辛味は、加熱を続けることで消失**していきます。逆にいうと、そうすることで食べやすい味わいにもなるということです。辛味を生かすか消すか、それが調理のポイントのひとつといってもいいでしょう。

色も形もさまざまなアブラナ科野菜がありますが、調理には案外互換性もあります。キャベツと白菜を普段から置き換えで使っている方は多いと思いますが、かぶの葉っぱや青梗菜を持て余したら小松菜と同様に調理すればいいし、ブロッコリーやカリフラワーは大体キャベツと置き換えできます。固定観念に捉われず、自由な発想で野菜料理を楽しむためにも、野菜を科別で把握しておくのはなかなか有効です。

「煮てよし、焼いてよし、生でよし」と重宝がられる野菜はいくつかありますが、キャベツはその代表格ともいえるでしょう。しかもキャベツは、和・洋・中、幅広いジャンルで、その実力をいかんなく発揮します。ロールキャベツやポトフになったかと思えば、回鍋《ホイコー》肉《ロー》では主役の豚肉を凌駕する活躍を見せ、そして味噌汁や漬物でも堅実な働きを見せます。さらにはせん切りキャベツとしてあくまでサポート役に徹しつつも、その存在なかりせば現在のとんかつの地位はなかったはずです。

もし僕が王様だったら、こんな側近が欲しい。大仕事でも、至って地味な仕事でも、あらゆる難事業を淡々と引き受けてくれて、常に期待以上の成果を上げてくれる。なのに決して出しゃばることはないから、権力闘争にも無縁です。むしろ仕事で組んだ相手にあえて華を持たせることだってしばしば。

そんなキャベツの仕事の中でも、僕が一番心に染みるのは、「ソース焼きそばの具」です。ソース焼きそばというものはそもそも不思議な食べ物で、具を豪華にすればおいしくなるというものでもない。むしろ**具を最小限にして適当に作ったほうが、なぜかおいしくなります。**なんなら肉なんて一切入らなくてもいい。しかしそれでもキャベツだけはなぜか「なくてはならない」んです。王としての僕は「存分に暴れ回って参れ。領地はすべて其方につかわす」と伝えるのですが、キャベツは、拙者はこれだけあれば充分、とばかりに焼きそばにちょこっとしか混ざりません。出しゃばらず必要最小限のキャベツが焼きそばを最もおいしくすることを、キャベツ自身が弁えているんですね。

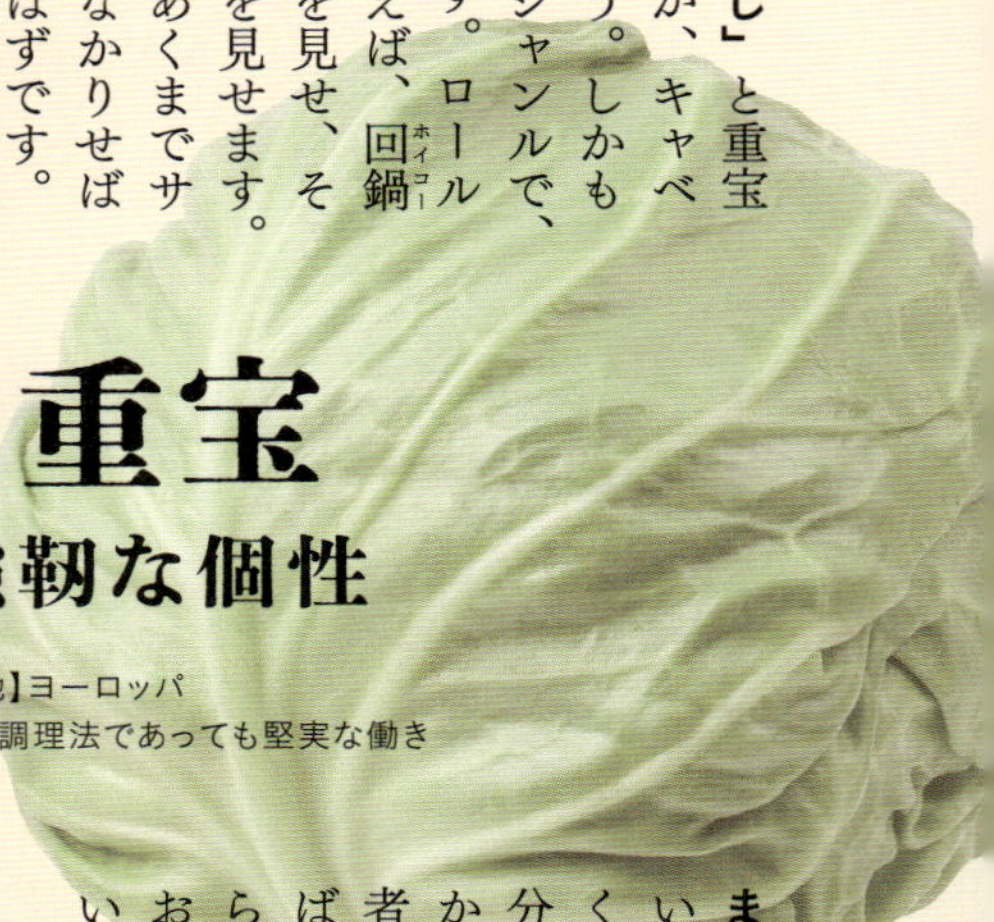

キング・オブ・重宝
そして、その裏に潜む強靱な個性

キャベツ

【科・属】アブラナ科・アブラナ属　【原産地】ヨーロッパ
【旬の時期】1〜5月、7〜8月　【メモ】どの調理法であっても堅実な働き

キャベツがいつだってこのように臨機応変な活躍ができる、その真の理由はおわかりですか？　彼はおとなしく、いつだって控えめなように見せかけて、**実は結構個性の強い野菜**だからです。甘味や心地よい食感だけでなく、ある意味強かな青臭い香りと複雑な味わいがあります。それに気付くと、キャベツ料理はぐっとおいしく作れるようになります。

側近に任命

常に期待以上の成果を上げてくれるキャベツを側近に任命したい。

箸休め　関東の庶民的な定食屋さんなどでは、漬物としてほんのりしょうが風味の塩もみキャベツがよく出てきます。知られざる名もなきローカルフードです。

ナンプラーキャベツ

味付けは潔くナンプラーのみ。いわば「アンチョビキャベツ」のナンプラー版といったところです。ナンプラーを焼き付けるように炒めることで、アンチョビ同様の香ばしさも生まれ、またそのしょっぱさがキャベツの甘味を引き立てます。あまり強火にはせずじっくり炒め煮にすることで、キャベツのシャキシャキ感もなめらかな口当たりも生かします。ご飯もお酒もいくらでも進んでしまうヤミツキになる味わい、一年中定番にしたい一品です。

材料（2人分）

A	サラダ油	20g
	にんにく（粗みじん切り）	1片分
	鷹の爪（細かくちぎる）※	1本
	※辛さを抑えたい場合はタネを取る	
キャベツ（ざく切り）		200g
ナンプラー		20g
水		30g

作り方

① フライパンにAを入れ、弱火にかける。
② にんにくの香りが立ったら、残りの材料を加え、中火で炒め煮にする。

キャベ玉焼き

「粉を使わないお好み焼き」のような、ボリューム感のある野菜のおかず。蒸し焼きにしたキャベツならではの、ふんわり感とみずみずしい甘さを楽しめます。ダイエットにもいいかもしれませんね。ここではオーロラソースで仕上げていますが、生姜醤油もなかなかオツですし、もちろんお好み焼きのようにソースや青のりでも。いろいろな楽しみ方が工夫できるはずです。

材料（2人分）

- キャベツ（せん切り）……220g
- 豚ばら肉（スライス）……50g
- 塩……2g
- こしょう……少々
- サラダ油……10g
- 卵……2個
- オーロラソース（マヨネーズとケチャップを同量ずつ軽く混ぜる）……適量

作り方

① 小さめのフライパンにキャベツを敷き込み、ひと口大に切った豚肉をのせ、塩、こしょうをして油を回しかける。ふたをして中〜弱火にかける。

② キャベツに火が通ってしんなりしたら、溶いた卵を上から全体にかける。ふたをして蒸し焼きにする。

③ 卵に大体火が通ったら、ひっくり返して裏面も焼く。仕上げにオーロラソースを塗る。

キャベツとスパムのトマト煮

くたくたで味の染みたキャベツもまた格別。ロールキャベツ的なおいしさが手軽に得られるレシピです。スパムは、ベーコンやソーセージに替えても。

材料（2人分）

キャベツ（ざく切り）……300g
スパム（2cm角切り）……200g
トマトジュース……200g
水……200g
塩……3g
こしょう……少々
ローレル……2枚

作り方

鍋にすべての材料を入れて中火にかけ、沸騰したら弱火で30分程度煮込む（仕上がり重量750g）。

キャベツと炒り卵の煮浸し

煮浸しのコク出しといえば揚げが定番ですが、炒り卵もまたよいものです。キャベツのやさしい甘さとは特に相性がよい上に、パステルカラーの色合いがまた、食卓を華やかに演出してくれます。

材料（2人分）

キャベツ（ざく切り）……150g
八方地（P14）……200g
卵……1～2個
サラダ油……適量

作り方

① 鍋にキャベツと八方地を入れ、中火で煮る。
② 炒り卵を作る。フライパンに油を中火で熱し、溶いた卵を流し入れ、かき混ぜながら加熱する。
③ ①のキャベツに火が通ったら、②を加える。

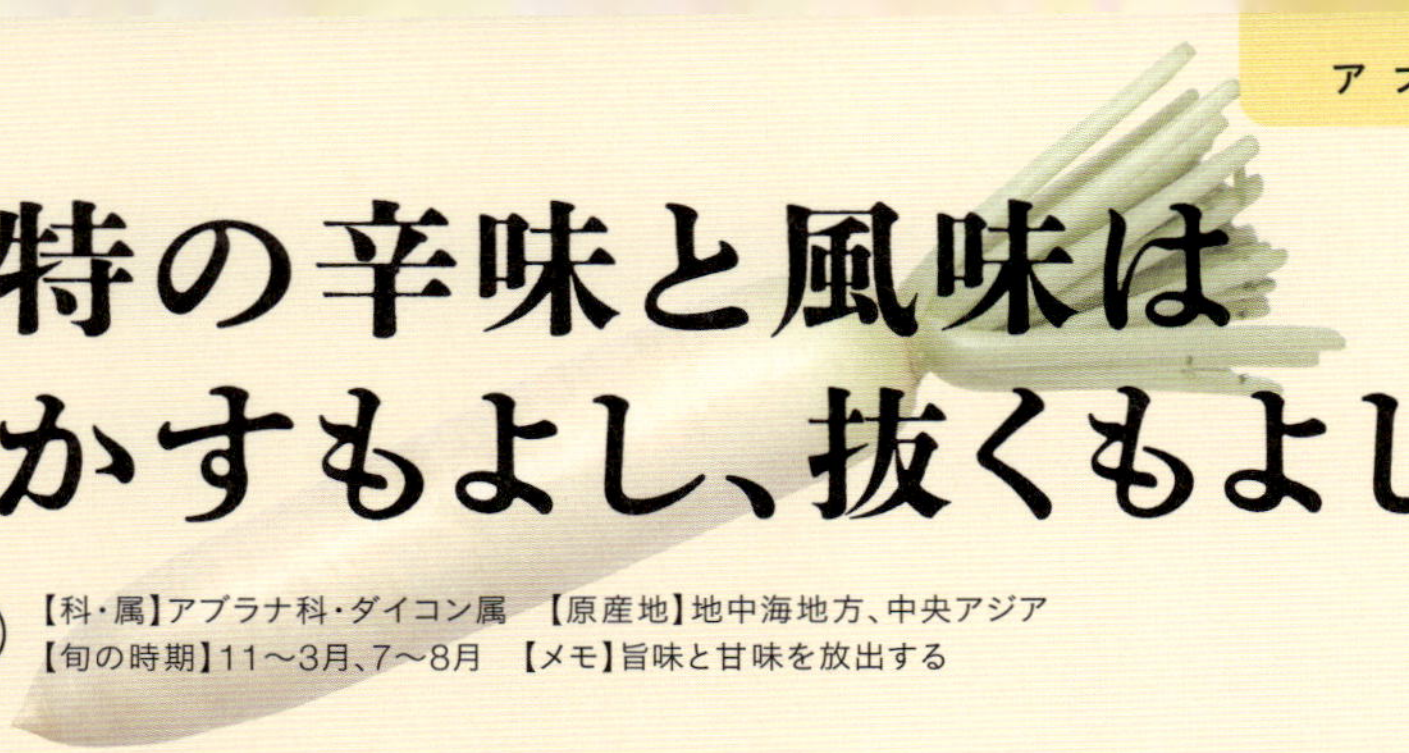

独特の辛味と風味は生かすもよし、抜くもよし

大根
【科・属】アブラナ科・ダイコン属　【原産地】地中海地方、中央アジア
【旬の時期】11〜3月、7〜8月　【メモ】旨味と甘味を放出する

大根は、生のままか火を通すかで、真逆といってもいいくらい味が変わる野菜です。また同じ生でも、おろすか包丁で切るかではまったくの別物。特におろしたての大根は目頭がツーンとするくらい辛いこともあり、僕はこれが大好物です。煮たらほの甘くてあんなにやさしい味わいなのに、そんな大根のどこにこんな魔性が潜んでいるのか、考えたらちょっと不思議です。

しかし、外食で食べる大根おろしは、まったくといっていいほど辛くありません。これはどうしてかご存じですか？　ほとんどのお店では、大根をおろしたら、それを一回水洗いしているのです。おろした大根はまず水けをきって、そこに真水を注ぎ、もう一度水切りをするんですね。念入りな店だとしばらく流水にさらしたりもします。大根おろしは辛味こそ命、と思っている僕などからしたらこれはたいへん残念なことなのですが、お店にはお店の事情もあります。辛い大根おろしは苦手な人もいるし、水にさらした大根おろしは、ある程度時間が経っても真っ白なままなんです。

というわけで、数限りない大根料理の中でも、大根おろしは家庭で食べるべき料理の最たるものです。そしてその時は、**水分を切るのは最小限にする**ことも大事なのです。

左ページのレシピでは大根おろしを汁ごと蕎麦つゆとして活用しています。ここにあえてだしを加える必要はありません。その理由は、**この汁に甘味と旨味が詰まっている**からです。

大根は、おでんなどの煮物にも大活躍する野菜です。だしの旨味が染み込んだ大根は最高ですよね。しかし、ちょっと気付きにくいかもしれませんが、実は大根自体もだしのほうにしっかり旨味と甘味を放出する力があります。下ゆでするとスッキリとしただしの味わいが楽しめますが、時には生から煮た大根ならではの力強い風味を楽しむ煮物もよいものです。

大根の二面性

生のままか火を通すか、おろすか包丁で切るかで大根の味わいは変わる。

箸休め
香味野菜としての大根はとても意義が大きい。おでんも豚角煮も（大根そのものは食べたくなかったとしても）、「風味原料」として入れたくなる気持ちがある。つまり大根はスパイス。メティやカレー粉との相性も抜群だし。

納豆おろし蕎麦

大根の絞り汁は旨味たっぷりなので、それを活用した、だし要らずの蕎麦つゆです。お好みで納豆の添付のタレも加えると、より食べやすい味わいになります。メインは蕎麦ではなく、あくまで大根おろし。大根おろしを食べるために蕎麦をゆでます。大根おろしは立派な料理です。

材料（1人分）

大根	100g
納豆（挽き割りか小粒がおすすめ）	1パック
長ねぎ（刻む）	15g
濃口醤油	15g
蕎麦（ゆでる）	適量

作り方

① 大根は皮ごとすりおろす。汁けは切らずにすべて使う。
② ①と蕎麦以外の材料を合わせ、蕎麦をつけて食べる。

大根と豚肉のカレー炒め

大根はそれ自体に香味野菜のようなスパイシーともいえる風味があり、これがスパイス、特に日本のカレー粉ととても相性がよいのです。一見意外な組み合わせにも見えるかもしれませんが、なぜか懐かしさすら感じさせる味わいに仕上がります。

材料（2人分）

A	豚ロース肉（棒状に切る）	100g
A	酒	10g
A	濃口醤油	6g
A	カレー粉	2g
	サラダ油	10g
	大根（拍子木切り）	100g
	大根の葉（刻む）	適量
	塩	1g

作り方

① ポリ袋にAを合わせて揉み込む。

② フライパンに油をひき、中火で①を炒め、表面に火が通ったら大根と大根の葉と塩を加え、さっと炒めたらふたをして3分蒸し焼きにする。

③ 大根がしんなりしたらふたを取り、さらに3分炒め合わせる。

大根のから揚げ

「ヘルシーなフライドポテト」みたいな感覚の、酒肴にもおかずにもぴったりの和風スナックです。

材料（2人分）

大根（皮ごと拍子木切り）……100g
濃口醤油……10g
かたくり粉……適量（目安20g）
揚げ油……適量

作り方

① ポリ袋に大根と醤油を入れ、15分以上漬け込む。
② ①の水分をよく切ってかたくり粉をまぶす。
③ 揚げ油を180℃に熱し、②を表面がカリッとするまで揚げる。最後にお好みで七味唐辛子を振る。

梅しそ大根

大根と梅干しの相性はテッパンです。大根が半端に余ったらとりあえずこれで。

材料（2人分）

大根（いちょう切り）……100g
梅干し（タネを取って刻む）……2個（20g）
大葉（刻む）……5枚

作り方

ポリ袋にすべての材料を合わせ、袋ごと揉んで30分以上置く。

すっかり和食に 馴染みきった中国野菜

白菜

【科・属】アブラナ科・アブラナ属　【原産地】中国
【旬の時期】11～2月　【メモ】グルタミン酸が豊富

白菜が中国から日本に伝来したのは明治初期。意外と歴史が浅いんです。白菜より古くから伝来していたキャベツが、いまだに「洋野菜」のイメージのままなのに、白菜はすっかり日本に溶け込んでいます。時代劇にうっかり白菜が登場しても、たぶん誰も違和感を持たないでしょう。

白菜がここまで日本人にとって身近な野菜として愛されているのには、クセがなく淡泊でありつつ、実は**グルタミン酸も多く含まれた旨味のある味わいが和食にぴったり**という理由がまずあるでしょうが、もうひとつ重要なことがあります。さっと煮ただけのシャキシャキ感が残る状態でも、クタクタに柔らかく煮ても、それぞれに違うおいしさがあること。これもまた、白菜の大きな魅力です。

このことは、冬に鍋料理を囲む時なんかに痛感するはずです。鍋に入れたばかりの白菜をフライング気味に食べると、シャキシャキしながらもすでに甘味があり、なおかつかすかにツンとした辛味もあって、あれはなかなかよいものです。**少し煮込むと緑の部分はかえって鮮やかになり、ほどよい柔らかさで甘味がぐっと引き出されます。**これが一応、真骨頂といったところでしょうか。しかしそのまま放置されてトロトロになっても、これがまたたまらない。鍋のだしを吸い込みに吸い込んで、むしろ肉より濃厚なんじゃないかという味わいになった白菜が一番好き、という人も少なくないのではないでしょうか。

白菜は中国から伝わってきた野菜なので、中華料理に合うのはもちろんですが、**イタリアンなどの洋食系にもとても使い勝手のよい野菜**です。左ページで紹介したパスタのほかに、さっと湯通ししてドレッシングでマリネするのもおすすめ。

そしてもちろん、白菜といえばお漬物。切り漬け（P40）なら少量でも作りやすいので、ぜひチャレンジしてみてください。おいしく漬かったら、いかにもこれぞ農村の味、昭和の日本人は普段からこういうものを食べていたんだろうなあ、としみじみしてしまいます。

古くから日本にあったような…

時代劇に登場しても違和感なし。しかし、この時代に白菜はまだ日本にない。

箸休め　鹿児島の実家の雑煮は、焼きえびのだしに具は豚ばらと白菜と豆もやし。日本料理の系譜からは逸脱した組み合わせですね。

白菜と生ハムのリングイネ

白菜は乳製品との相性もよし。生クリームと合わせるのもいいのですが、ここではより手軽に、バターとチーズで仕上げます。白菜から染み出した旨味の水分を、パスタにじっくり染み込ませるのがおいしさのポイント。なのでパスタは硬めにゆでます。リングイネがとてもよく合いますが、太めのスパゲッティやペンネなどでもおいしく作れます。

材料（1人分）

A	バター	15g
	白菜（1㎝角切り）	150g
	水	50g
	塩	1g
	生ハム（またはベーコンなど、刻む）	20g
リングイネ		80g
粉チーズ		20g
粗挽き黒こしょう		適量

作り方

① フライパンにAを入れてふたをし、中〜弱火で白菜がとろっと柔らかくなるまで蒸し煮にする。
② リングイネを1％の塩水（分量外）で硬めにゆで、①のソースの水分をリングイネに吸わせるように合わせる。
③ 水分が大体なくなったら、粉チーズを全体に絡める。器に盛り、粗挽き黒こしょうを振る。

白菜とひき肉の食べるスープ

材料をすべてとろとろと煮込むだけ。白菜はグルタミン酸が豊富な食材なので、煮汁がそのままスープになります。

材料（作りやすい分量）

- A
  - サラダ油……5g
  - 豚ひき肉……50g
  - にんにく（みじん切り）……5g
  - 鷹の爪（細かくちぎる）……1本
- 白菜（ざく切り）……300g
- 水……200g
- 薄口醤油……18g

作り方

① 鍋にAを入れて中火でさっと炒める。

② ①に残りの材料を加え、ふたをして、白菜がとろっと柔らかくなるまでとろ火で15分煮込む。

白菜の切り漬け

自然発酵（乳酸発酵）の自家製漬物を、手軽に作る方法です。昆布は腐敗を招く恐れがあるので、念のため一旦発酵が進んだ後に加えます。手指や調理器具は清潔な状態で調理してください。

材料（作りやすい分量）

- A
  - 白菜（ざく切り）……200g
  - 塩……6g
  - 鷹の爪（お好みで。細かくちぎる）……適量
- 昆布……2g

作り方

① ポリ袋にAを合わせ、なるべく空気を抜いて室温で1～3日放置する。

② ①の漬け汁に酸味が出始めたら、昆布を加えて冷蔵庫に移す。

※②のその日から食べられるが、さらに1日以上置くのがおすすめ。しっかり酸味が出るまで冷蔵庫で発酵させてもよい。

アブラナ科野菜のセンターにして抑えの切り札

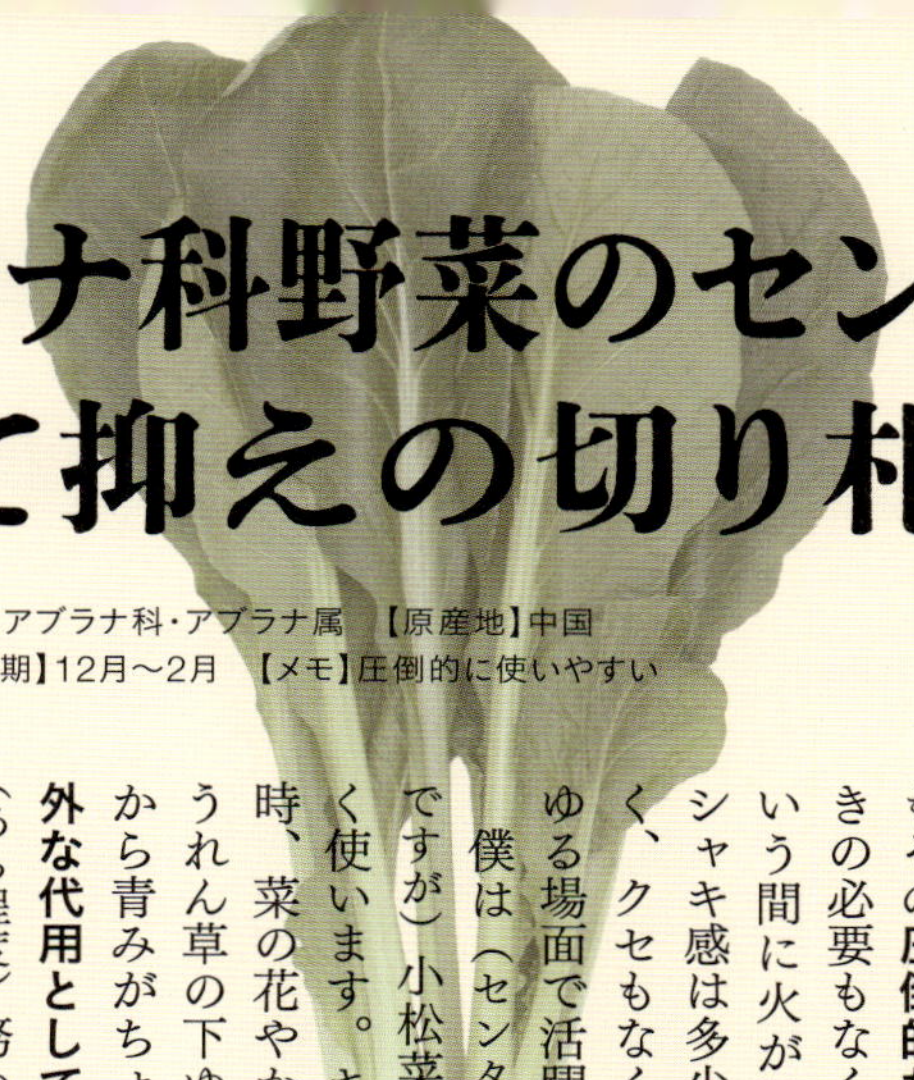

小松菜

【科・属】アブラナ科・アブラナ属　【原産地】中国
【旬の時期】12月〜2月　【メモ】圧倒的に使いやすい

小松菜は元々関東のローカル野菜でしたが、今では全国的に食べられており、もはや「アブラナ科野菜のセンター」ともいえる地位を獲得しているのではないかと思います。

小松菜が重宝される理由は、なんといってもその**圧倒的な使いやすさ**。下ゆでやアク抜きの必要もなく、煮物でも炒め物でもあっという間に火が通り、それでいて茎のシャキシャキ感は多少火が入りすぎても失われにくく、クセもなく緑も鮮やかで、とにかくあらゆる場面で活躍します。

僕は（センターたる小松菜さんには少々失礼ですが）小松菜を「万能代用野菜」的にもよく使います。キャベツや白菜を切らしていた時、菜の花やかぶ菜が欲しくてもない時、ほうれん草の下ゆでが面倒な時、なんでもいいから青みがちょっと欲しい時……。**そして意外な代用としては、高菜や野沢菜の代わり**も（ある程度）務めてくれます。小松菜を生で食べるイメージはあまりないかもしれませんが、生のまま繊維を揉むようにして使うと、ほのかな辛味が顔を覗かせるところも魅力です。

その分もしかしたら、小松菜には**小松菜ならではの個性みたいなものがあまりない**ともいえるのかもしれません。しかしこれは使い勝手のよさと表裏一体です。日持ちもいいし、冷蔵庫に常にあるレギュラー野菜として、いつだって頼もしい存在です。

小松菜、トマト、ツナのリングイネ

材料と作り方（1人分）

フライパンに小松菜（5㎝長さに切る）100g、にんにく（スライス）1片、ツナ1缶（70g）、トマト（くし形切り）80g、オリーブ油20g、塩2gを入れ、ふたをして弱火で小松菜がくたくたになるまで蒸し煮にする。リングイネ60〜100gをゆで、ソースと合わせる。

箸休め　小松菜の意外な使い方としては、生のままサラダに。ただし小松菜だけだと少し食べづらいので、レタス類と混ぜてアクセント的に使います。

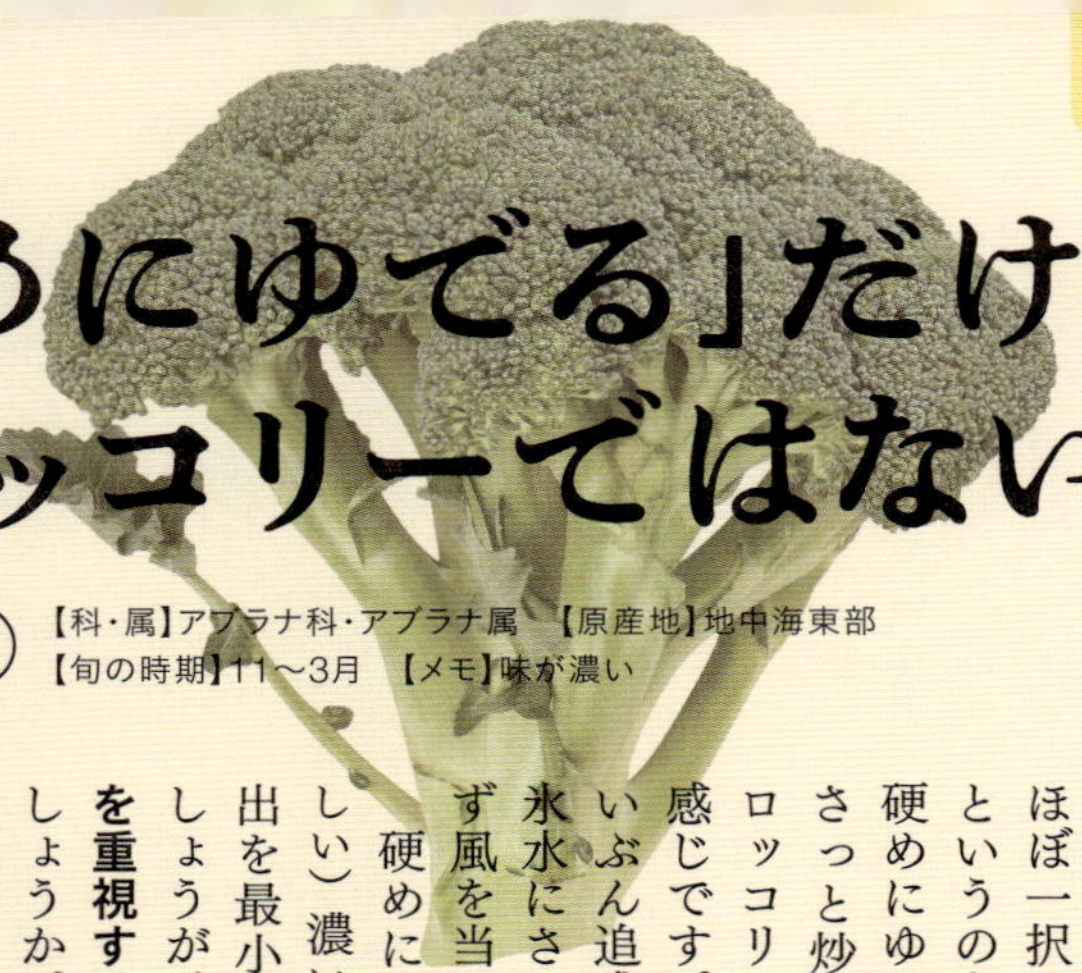

「硬めにゆでる」だけがブロッコリーではない

ブロッコリー

【科・属】アブラナ科・アブラナ属　【原産地】地中海東部
【旬の時期】11～3月　【メモ】味が濃い

日本でかつて「緑黄色野菜」という概念が広まり始めた時代に注目を集め、あっという間に普及した野菜がブロッコリーです。それ以来ブロッコリーはずっと「硬めにゆでる」ほぼ一択でした。硬めにゆでてマヨネーズで、というのを皮切りに、シチューに入れるのも硬めにゆでて最後に、炒め物も硬めにゆでてさっと炒める、お弁当にも硬めにゆでたブロッコリーをミニトマトとともに、みたいな感じです。僕もかつては、ベストな硬さをずいぶん追求しました。1分20秒ゆでてすぐに氷水にさらす、とか、1分ゆでて水にさらさず風を当てて最速で冷ます、とかです。

硬めにゆでるのは、（いかにも緑黄色野菜らしい）濃い緑の色を生かすとか、栄養素の流出を最小限にする、といった目的もあるでしょうが、**日本人は根本的に野菜の歯ごたえを重視する**、というのも大きいのではないでしょうか。日本の野菜は柔らかいといわれますが、これは柔らかく食べたいというよりむしろ、最短の加熱時間で歯ごたえを残して食べたいという希求に沿ったものなのではないかと思います。

しかし僕は、**硬めにゆでるだけがブロッコリーの楽しみ方ではない**、ということを主張したくもあります。まずは17ページの「くたくたブロッコリー」をぜひお試しください。ブロッコリーの味の上での最大の特徴は、なんといっても素材自体の味の濃さにありますが、それを堪能するにはこれが一番です。緑の濃い野菜を茶色くなるくらいくたくたに煮る料理は、日本はともかく世界にはたくさんあるのですが、これはその系譜に連なるものともいえます。

ブロッコリーでもうひとつ大事なのは、**「茎まで使う」**ということです。もったいないから無駄にしない、というよりむしろ、茎こそが本体なのではないかと思うことすらあります。なので買う時も、なるべく茎が太くて長いものを選びます。根元の硬い皮だけ厚めにむいて、余さず使ってください。

野菜に歯ごたえを求める日本人

「ブロッコリーは硬め一択」という日本人は多そうだけど…。

箸休め　ブロッコリーの茎はグリーンアスパラガスのような淫靡さこそないものの、はつらつとして引き締まったおいしさ。ブロッコリーは茎が本体。

ブロッコリーの天ぷら カレー塩

ブロッコリーを天ぷらにすると、青くささが旨味に変わり、水っぽくならずホクホク感も楽しめます。もしかしたら天ぷらという調理法に最もよく合う素材のひとつなのかもしれません。力強い味わいを生かすため、カレー塩を合わせます。天ぷらの時は、茎はもちろん、周りに少し付いている濃い緑の葉も使ってください。この部分がおいしく食べられるのも、天ぷらならではです。

材料（作りやすい分量）

- ブロッコリー（食べやすい大きさに切る）……適量
- 天ぷら粉（市販）……適量
- 揚げ油……適量
- カレー塩……適量

※塩とカレー粉を1：1（重量比なら3：1）で合わせたもの

作り方

① 天ぷら粉で衣を作り、ブロッコリーをくぐらせる。
② 揚げ油を180℃に熱し、①を揚げる。
③ 器に盛り、カレー塩を添える。

くたくた
ブロッコリーの
スパゲッティ

超シンプルなスパゲッティ。生ハムやチーズのトッピングもおすすめですが、まずはそのままでどうぞ。

材料（1人分）

くたくたブロッコリー（P17）……100g～好きなだけ
スパゲッティ……100g

作り方

① スパゲッティを1.2%の塩水（分量外）でゆでる。
② くたくたブロッコリーを温め、①と和える。お好みで粗挽き黒こしょうを振る。

ブロッコリーの
明太サワー
マヨネーズ

いつものゆでブロッコリーに変化が欲しいときに。明太子マヨネーズもヨーグルトを混ぜると、スッキリ大人な味わいです。

材料（作りやすい分量）

A
- マヨネーズ……30g
- プレーンヨーグルト……30g
- 辛子明太子……30g
- ディル（あれば）……少々

ブロッコリー（ゆでる）……適量

作り方

① ボウルにAを混ぜ合わせる。
② ブロッコリーに①をかける。

もっと身近になってもいい日本人好みの中国野菜

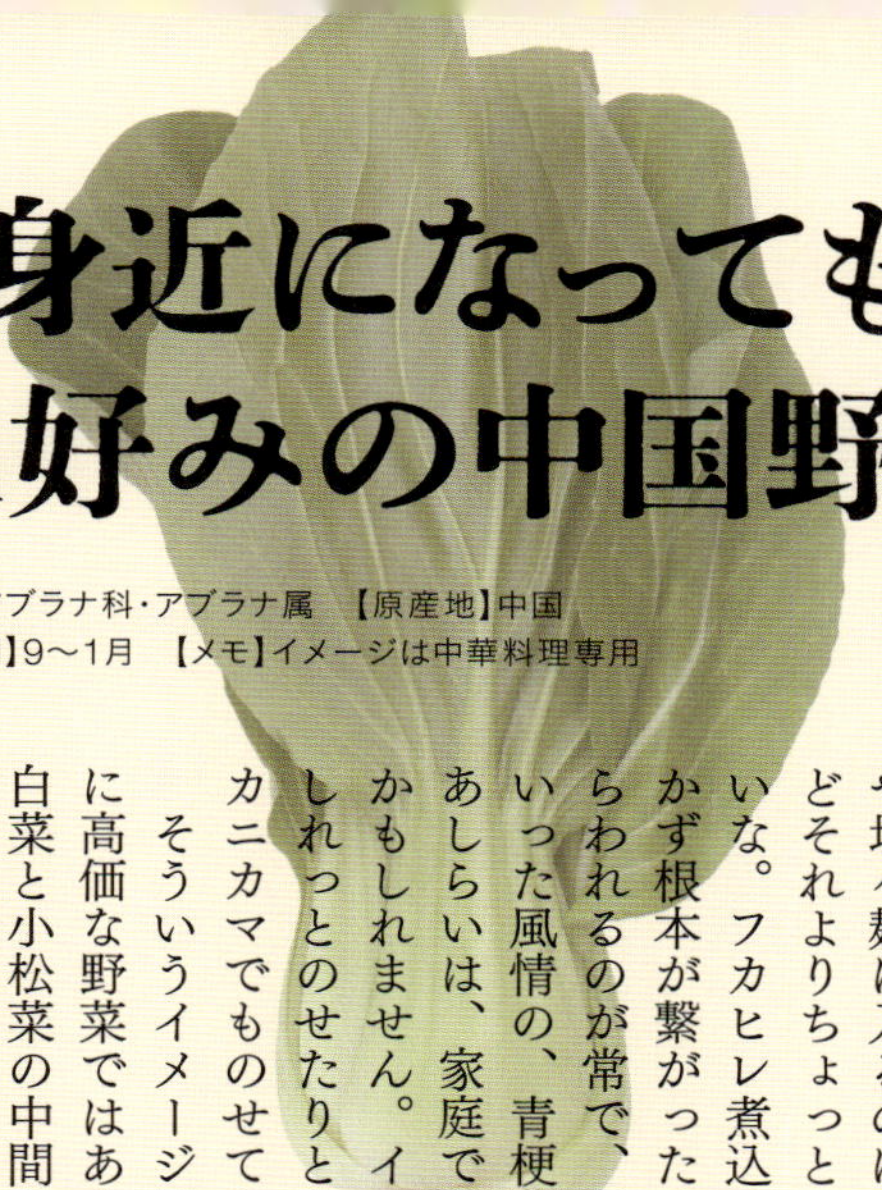

青梗菜　【科・属】アブラナ科・アブラナ属　【原産地】中国
【旬の時期】9〜1月　【メモ】イメージは中華料理専用

青梗菜は１９７０年代以降に普及した新顔野菜ということもあってか、まだまだ中華料理専用というイメージが強いかもしれません。しかもどちらかというとちょっといい**中華料理屋さんのイメージ**です。あんかけ焼きそばや坦々麺に入るのは、町中華だと小松菜だけどそれよりちょっといい店だと青梗菜、みたいな。フカヒレ煮込みなどにはあえて芯を抜かず根本が繋がったままのくし形切りがあしらわれるのが常で、あれはいかにもご馳走といった風情の、青梗菜の晴れ舞台です。このあしらいは、家庭でももっと取り入れるべきかもしれません。インスタントラーメンにもしれっとのせたりとか。フカヒレの代わりはカニカマでものせておきましょうか。

そういうイメージは別として、青梗菜は別に高価な野菜ではありませんし、いうなれば白菜と小松菜の中間みたいな感じで**気軽に使える野菜**でもあります。実はそれもそのはずで、今出回っている小松菜は、従来の小松菜に青梗菜を掛け合わせた品種が多いそうです。青梗菜と同時期に日本に入ってきたけど結局あまり普及しなかった野菜にターサイがありますが、こちらもやはり小松菜の品種改良に使われたとか。知らないうちにお世話になっていたんですね。

青梗菜のクリーム煮

材料と作り方（2人分）

フライパンに牛乳200g、塩2g、かたくり粉8gを入れてよく混ぜる。青梗菜100g、ベーコン50g（どちらも食べやすい大きさに切る）も加えて、常に混ぜ続けながら、しっかりとろみが出て青梗菜に火が通るまで弱火で煮る。

箸休め　青梗菜など中華系のクリーム煮には、本来エバミルクが使われます。エバミルク、最近売ってるのをあんまり見ませんね。

今こそ復権！和洋中いける万能野菜

カリフラワー

【科・属】アブラナ科・アブラナ属
【原産地】地中海沿岸
【旬の時期】11～3月
【メモ】洋食にも和食にも

カリフラワーは、ちょっと不憫な野菜です。昭和の時代、カリフラワーは今よりずっと人気がありました。当時の料理本にもよく登場しています。

カリフラワーの人気が衰えたのは、ずばり、ブロッコリーのせいです。緑黄色野菜の代表とも見なされたブロッコリーがめきめき頭角を現した時代、淡色野菜は栄養価が低いという常識もまた広まりました。カリフラワーにとってはあまりにも分が悪い時代でした。

僕も正直昔は、カリフラワーなんてほぼ眼中にありませんでした。しかしそれを覆してくれたのはインド料理です。インドのベジ料理において、カリフラワーは花形。**上品で食べごたえもある、おもてなし野菜の代表格**です。

それからというもの、インド料理以外でもカリフラワーを積極的に使うようになりました。実際使ってみると、すこぶる使い勝手のよい野菜であることがわかります。

意外かもしれませんが、カリフラワーは生でも食べることができます。アメリカでは特に好まれているようで、サラダバーにも房で切り分けられたカリフラワーが置いてあったりします。しかし、生のカリフラワーを最もおいしく食べる方法は、ここで紹介するように極薄にスライスしたものだと思います。これはいうなれば**キャベツのコールスローの上位互換**。キャベツのような青臭いクセが皆無な分、実に上品な味わいがあります。

カリフラワー衰退の原因は、当時それがほぼ「洋食」にしか使われていなかったということもあると思います。今でもきっとそのイメージは強いですよね。しかしそのクセのなさやじんわりとした甘味は、実は和食にもぴったりなんです。煮物、汁物、鍋物なんかに、白菜やかぶと同じ感覚で使ってみてください。

昭和では人気野菜だったのに…

ブロッコリーに地位を奪われてしまったカリフラワー。

箸休め　ブロッコリーは茎が本体だけど、カリフラワーの外葉はさすがにそっちが本体とまではいえないものの結構使えます。硬いけど筋張ってるわけではないので。捨てるところだけで作るカレーもオツなものです。

クリスピーカリフラワーサラダ

生のカリフラワーは、青臭さのないキャベツのようです。ここではアンチョビソース風のドレッシングで。

材料（2人分）

	カリフラワー	100g
A	ナンプラー	5g
A	レモン汁	5g
A	オリーブ油	10g

作り方

① カリフラワーをスライサーまたはピーラーで薄くスライスし、水にさらす。スライスしきれなかった端の部分は、手で割ってそのまま加える。

② ①がパリッとしたらよく水けをきって皿に広げ、合わせたAを全体にかける。

カリフラワー豚汁

カリフラワーは、和食にも使い勝手のよい食材。油脂との相性もよいので、ここでは豚汁に活用しました。

材料（2人分）

A	ごま油	5g
A	豚ばら肉（スライス）	100g
A	玉ねぎ（ざく切り）	50g
	水	400g～
	カリフラワー	100g
	味噌	適量（目安40g）

作り方

① 鍋にAを入れて、中火で炒める。

② 玉ねぎがしんなりして豚肉に火が通ったら、水とカリフラワーを加える。

③ カリフラワーが柔らかくなったら、味噌を溶き入れる。

短い旬に、ほろ苦さを味わいつくす

菜の花

【科・属】アブラナ科・アブラナ属　【原産地】地中海沿岸、北ヨーロッパ、中央アジア
【旬の時期】12〜3月　【メモ】旬は儚い

菜の花といえば春のイメージです。冬が終わってポカポカと暖かくなり、野には一面の菜の花、そんなイメージ。しかし野菜の菜の花に関してはそのイメージは間違い。春を待っていたらあっという間に時期が終わってしまいます。お正月明けくらいに店頭に並び始めたら、気が早いと思わずにすぐ買うべきです。タイムリミットはせいぜい3月いっぱい。豊富に出回る期間は2か月かそこらしかありません。

大体の野菜が旬に関係なく通年出回る現代においては、この**儚さも菜の花の魅力**なのかもしれません。この時期は山菜の時期とも重なるので、野菜好きは大忙しです。

菜の花は、柔らかくほの甘い中に、意外と**したたかな苦味とほんのりとした辛味のある、複雑な味わい**が身上です。最近は、なばなやオータムポエム、のらぼう菜といった菜の花に近い野菜が通年に近く出回っていることもありますが、複雑な味わいはこの時期の菜の花ならではのもの。これをいかに生かすかが大事です。

菜の花料理の代表格に「辛子和え」がありますが、これは菜の花に潜むほんのりとした辛味を辛子でブーストしたものといえます。辛子も元を辿ればアブラナ科植物であるマスタードの種ですから、これは「とも和え」ともいえるわけです。

またその**ほろ苦さは、油との相性が抜群。**これは日本以上に菜の花類の野菜をよく食べるイタリアの料理も参考になります。もっともイタリアの菜の花は日本のものよりずっとワイルドで、パスタに使う時もパスタと一緒にゆでたりします。日本の菜の花はもう少し繊細なので、その味や風味をなるべく逃さない調理法が向いています。

菜の花ごはん（P49）はこの時期割烹などでも出会うことのある純然たる日本料理なのですが、日本料理のごはんものには珍しく、油がしっかり効果的に使われる料理です。本来は菜の花を素揚げして作りますが、ここではもう少し作りやすくアレンジしました。

菜の花の辛子和え

浸し地（P10）を作り、練り辛子5gを溶かせば辛子和えに。

箸休め

菜の花の辛子和えは、ある時手抜きでだしに浸さず醤油だけで和えたらその方がおいしかったからそれ以来ずっとそうしてる。鼻の奥がツーンとなるくらい辛子が効いてるのが好き。こういうのが店では出せないおいしいものですね。

菜の花のオレキエッテ

くたくたの菜の花ソースとショートパスタを和えた、
南イタリア風のパスタ料理。

材料（1人分）

A	オリーブ油	30g
	にんにく（みじん切り）	10g
	鷹の爪	1本
	アンチョビ	10g
B	菜の花（1cm長さに切る）	200g
	塩	1g
	水	100g
オレキエッテ		100g

作り方

① フライパンにAを入れ、弱火にかける。香りが立ったらBを加える。沸騰したらふたをして弱火で10分以上火を通す。

② ①の菜の花が完全にくたくたになったら、ヘラなどで軽く潰してややペーストに近い状態にする。

③ 鍋に湯を沸かし、1%の塩水（分量外）でオレキエッテをゆでる。

④ ②に③を加え、全体をよく馴染ませる。

菜の花ごはん

シンプルなのに意外なおいしさ。割烹風の混ぜごはんです。

材料（作りやすい分量）

A	菜の花（ざく切り）	100g
	サラダ油	20g
	塩	1g
ごはん		1合分（350g）
薄口醤油		15g

作り方

① フライパンにAを入れ、中火で炒める。

② 熱々のごはんに、①と薄口醤油を混ぜ込む。

かつて友人宅で鍋を囲んだ時、鍋の具材としてかぶが用意されていました。葉の部分はざく切り、そして球の部分は茎も皮もついたままの四つ割りでした。僕は鍋物にかぶを使うなんて初めて見て驚いたのですが、聞くと友人は滋賀県出身でかぶの産地も近く、昔からそうやって食べていたとのこと。かぶが浸透している地域はなんといっても関西ですが、本場はさすがだなと感心したのをおぼえています。

僕にとってかぶは、和食屋での修行時代にずいぶん苦労させられた野菜でした。そこではかぶの皮は分厚く六方にむきます。これを綺麗に仕上げるのがまず一苦労なのですが、苦労はその後も続きます。煮る時は、完全に芯までとろりと柔らかく、なおかつ絶対に煮くずさないようにしなければなりません。かぶは煮始めは大根のように硬いのに、意外とあっという間に火が通り始めます。**ちょうどよく炊き上げるタイミングがとても難しいんですね。**

しかしその友人宅での鍋のかぶは、**鍋のだしの中でさっと煮るだけで、中心部分はまだシャクっと生っぽさが残るくらいで食べる**ものでした。そしてそれが抜群にうまかったのです。かぶに対するイメージが大きく変わった瞬間でした。

もっと気軽に喰らうべし

かぶ

【科・属】アブラナ科・アブラナ属　【原産地】中央アジア、ヨーロッパ西南部
【旬の時期】3〜5月、10〜12月　【メモ】生っぽさが残るくらいで食べてみて

そういえばその和食屋でも、かぶをむいた後に大量に残る葉や皮を、さっと煮たり炒めたりして賄いとして食べるのは、ずいぶんおいしいものでした。かぶに馴染みのない地域の方も、ぜひこんな感じで難しく考えずにモリモリ食べてみてください。もちろん料理屋風に丁寧に柔らかく煮たものもそれはそれにしかないおいしさがあるので、要するに**どう料理するかはその時の気分次第**で、ってことです。

ちなみに昔のかぶは皮と実の間が筋張っていることが多く、料理屋で皮を分厚くむいていたのにはそんな理由もあったようです。今のかぶはそういうことはまずないので、安心して丸ごと使ってください。さっと炒めるだけでもおいしいです。

修行時代に苦労した野菜

ちょうどよく炊き上げるタイミングがとても難しい。

箸休め　かぶを鍋に入れるときは、葉の方を先に入れてくたくたにします。なのでなるべく元気な葉がたくさんついているかぶがおすすめ。スープにファンシーなおいしさが放出されるのもうれしいポイント。

千枚かぶら

箸休めにぴったりの、上品な甘酢漬けです。

材料（作りやすい分量）

かぶ（皮をむいてスライス）……100g
米酢……20g
砂糖……10g
塩……1g
昆布……2g
鷹の爪（お好みで。細かくちぎる）……適量

作り方

ポリ袋にすべての材料合わせ、
30分〜１日漬け込む。

かぶら葉の菜めし

かぶの葉だけが余りそうなら、さっぱりとした混ぜごはんに使ってみてください。

材料（作りやすい分量）

A［かぶの葉（細かく刻む）……100g
　　塩……3g］
ごはん……350g（１合分）

作り方

① ポリ袋にAを合わせて揉み、しんなりしたら水けを絞る。
② ごはんに①を混ぜる。

伝統品種の復活も望みます

水菜

【科・属】アブラナ科・アブラナ属
【原産地】日本
【旬の時期】12～3月
【メモ】関西を中心に食べられていた

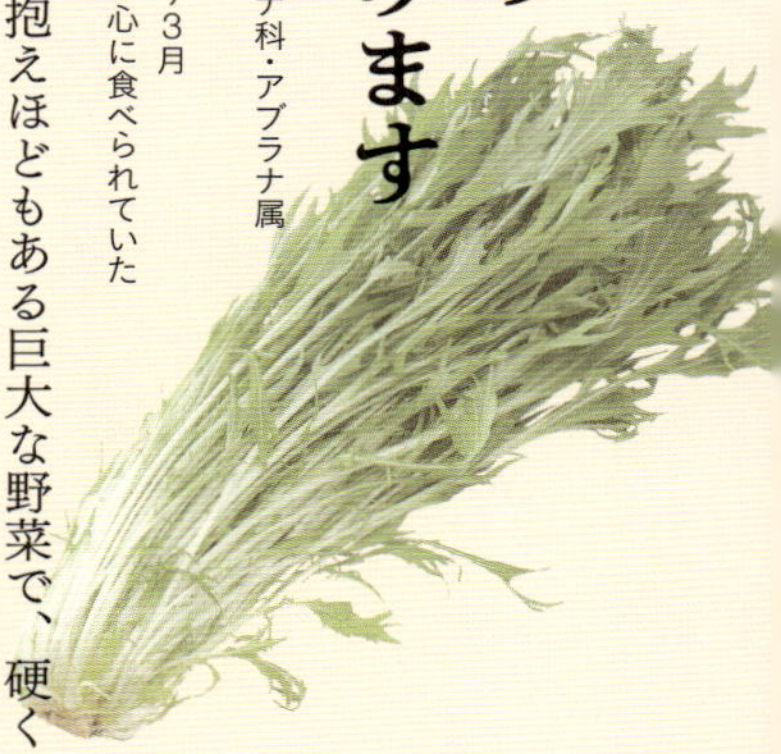

水菜は元々はひと抱えほどもある巨大な野菜で、硬くてクセの強い、人によっては「漬物くらいにしかならない」というくらいのものだったとか。鯨を使った**「ハリハリ鍋」は、そのクセを活用した料理**だったということなのでしょう。現在は品種改良で柔らかく食べやすくなった水菜が流通しています。そうなると身勝手なもので、昔ながらのクセ強水菜も食べてみたいとも思ってしまいます。

水菜と牛肉のはりはり

材料と作り方（2人分）

鍋にきほんのだし（P24）240g、濃口醤油30g、みりん30gを合わせて中火にかける。沸いたら牛肉（切り落とし）80gを入れ、アクをすくい、水菜（5㎝長さに切る）100gを入れてさっと煮る。

もっとモリモリ食べるべき

かいわれ大根

【科・属】アブラナ科・ダイコン属
【原産地】地中海沿岸、中央アジア
【旬の時期】通年
【メモ】肉・魚・麺にたっぷりのせて

かいわれ大根は、ちょっとしたトッピングやあしらいのイメージが強いですが、本来の実力はそんなものではありません。薬味としても個性派野菜としても、もっとモリモリ食べるべきです。

醤油を垂らしておかかをのせるだけで立派な一品になりますし、僕は大根おろし代わりに肉や魚、麺類などにたっぷりのせたりもします。**さっと火を通してもその個性は失われず**、たくさん食べられてたいへんおすすめです。

かいわれの冷やしごま汁

材料と作り方（2人分）

保存容器にきほんのだし（P24）160g、薄口醤油10g、みりん5gを合わせて冷やしておく。かいわれ大根1パックをさっとゆでて水けを絞り、椀に盛って冷やしておいただしを張り、すり白ごま3gを散らす。

箸休め　最近はラーメンに水菜をトッピングするとおしゃれ、みたいな感じありますね。2000年頃の創作居酒屋なんかでもはやっていたのを思い出します。流行は繰り返す。

いいから大袋を売ってください

クレソン

【科・属】アブラナ科・オランダガラシ属
【原産地】ヨーロッパ中部、中央アジア
【旬の時期】4～5月
【メモ】しゃぶしゃぶにもおすすめ

日本のスーパーで売られているクレソンは大体、ハーブ扱いの小袋です。これが僕はいつでも残念でたまりません。ヨーロッパでレタスが普及する前は、サラダの主役はクレソンだったそうです。その名残が、ステーキにピョロっと一本だけ添えられるあの姿。そうじゃないんだよ、**もっとモリモリ食べたい**んだよ、といつだって願ってしまいます。

クレソン・ビフォーアフター

かつてはサラダの主役だったのに、今や添え物に……。

本当はもっと可能性を秘めたイタリア野菜

ルッコラ

【科・属】アブラナ科・キバナスズシロ属
【原産地】地中海沿岸
【旬の時期】4～6月、10～12月
【メモ】お浸しや青菜炒めにも

ルッコラもかつてはクレソン同様ハーブ扱いでしたが、最近はようやく少し大きめの袋でも売られるようになりました。**最近の西洋野菜の普及は、いかにイタリアンに絡められるか**にかかっていますね。しかしそれでもまだ一袋の量が圧倒的に少ないと感じます。これももっとモリモリ食べたい。本当はお浸しや青菜炒めにしても抜群においしいのです。

ルッコラのマフィンサンド

パニーニのおいしさを、イングリッシュマフィンとトースターを使ってお気軽に作れます。

材料（1人分）

- **イングリッシュマフィン** …… **1個**
- **シュレッドチーズ** …… **適量**
- **ルッコラ（またはクレソン）** …… **適量**
- **塩、オリーブ油** …… **各適量**
- **生ハム** …… **適量**

作り方

① **イングリッシュマフィンを2つに割り、両方にシュレッドチーズをのせてトースターでこんがりするまで焼く。**
② **ボウルにルッコラ、塩、オリーブ油を入れてさっと和える。**
③ **②と生ハムを①ではさむ。**

箸休め　水炊きやしゃぶしゃぶなど肉系のあっさりした鍋に最も合う野菜はクレソン、次点でサニーレタスだと思います。

春を楽しむ山菜

山菜をなぜこんなにおいしく感じるのか。

考えてみたらちょっと不思議ですよね。苦いし香りのクセは強いしエグみもあるし。

しかも買うと結構高いし調理が面倒なものもあるしで、なんでわざわざこんなものを食べるんだろうと、ふと冷静になることもあります。でも春先のシーズンになると、今のうちに食べとかないと、と狂おしいような気持ちにすらなります。あれは何なんでしょう。一冬を雪に閉ざされた後に久しぶりに目にする新鮮な野菜が芽吹いたばかりの山菜だった時代の記憶が、日本人のDNAに刻まれているということなのでしょうか。品種改良された甘くて柔らかくて食べやすい野菜ばかりを食べている現代人が、春の一時期だけ、そこからかけ離れた物を本能的に求めて何らかの欠落を補おう

山菜素揚げ

山菜は天ぷらももちろんおいしいのですが、よりさっぱりとシンプルに。素揚げもよいものです。

材料（作りやすい分量）

- 山菜（お好みのもの）……適量
- 揚げ油……適量

作り方

揚げ油を160℃に熱し、お好みの山菜をさっと揚げ、軽く塩（分量外）を振る。

ふきのとう味噌

肉料理や魚料理のディップソースとしても活用できます。

材料（作りやすい分量）

- ふきのとう（細かく刻む）……100g
- サラダ油……20g
- 味噌……50g
- みりん……50g

作り方

① フライパンに油を中火で熱し、ふきのとうを炒める。
② ふきのとうに火が通ってしんなりしたら、味噌とみりんを加える。
③ 全体を馴染ませながら少し煮詰める（仕上がり重量160g）。

とするのでしょうか。
　考えて答えが出るものでもないでしょうが、とにかく春の山菜はおいしい。そしてそのほろ苦い（時に全力で苦い）独特のおいしさを引き立てるものは、何といっても油です。大体の山菜は天ぷらにするとおいしいし、ここでご紹介したように素揚げも、手軽かつダイレクトな味わいでなかなかよいものです。煮るにしても最初にさっと炒めることで、食材としての旨味がぐっと引き出されます。
　こんなおいしいもの一年中でも食べたい、と思ったりもしますが、年中あれが冷蔵庫に入っていても案外持て余してうんざりするだけかもしれませんね。時期が限られるからこそのおいしさ、元祖限定商品、といったところでしょうか。

山うどと牛肉の炒め煮

牛肉の脂がうどの風味を引き立て、シャキっとした食感も楽しめます。

材料（2人分）

サラダ油	10g
牛肉（スライス、食べやすい大きさに切る）	50g
山うど（皮を厚めにむいて細めの乱切り）	100g
水	60g
濃口醤油	15g
みりん	15g

作り方

① フライパンに油を中火で熱し、牛肉、山うどを炒める。
② 牛肉の色が変わったら、残りの材料を加え、煮詰めながら火を入れる。
③ 水分が大体飛んで、全体にてりが出たら完成。

うど皮のきんぴら

うどの厚くむいた皮も無駄なく使います。量が中途半端だったらにんじんで調整してください。

材料（2人分）

A	うど皮とにんじん（ともにせん切り）	合わせて100g
A	サラダ油	8g
A	ごま油	2g
B	濃口醤油	18g
B	砂糖	9g
C	一味唐辛子	少々
C	いり白ごま	3g

作り方

① フライパンにAを入れ、中火で炒める。
② 大体火が通ってしんなりしたら、Bを加えて炒め合わせる。
③ 全体が馴染んだら火を止め、Cを混ぜる。

なす

PART 2

じゃがいも

ししとう

ナス科

スター級の
主役野菜が勢揃い

ピーマン・パプリカ

トマト

ナス科の野菜はそれほど種類が多くありませんが、それぞれがスター級。なすにせよじゃがいもにせよ、トマト、ピーマンにせよ、主役を張れる野菜ばかりです。

　中国東北地方で親しまれる料理に「地《ディ》三《サン》鮮《シェン》」というものがあります。これは、なす・じゃがいも・ピーマンというナス科3種揃い踏みの料理です。肉などは入らず野菜だけで作られますが、野菜を素揚げして下ごしらえすることと、甘辛くこってりした味付けにより、**肉や魚にも負けないパワフルなメインディッシュ**になります。地三鮮という料理名には「大地からの贈り物」というニュアンスがあるそうですが、これらナス科のスターたちが、肉が潤沢に食べられるわけではなかったかつての中国の農村で、いかに民衆にとって大切なものであったかという表れなのではないでしょうか。

　じゃがいも・ピーマン・トマトという組み合わせの料理も、世界中至る所で見られます。しかしこれらはすべて**大航海時代に新大陸からもたらされ、その後、時間をかけて各地に定着**していきました。トマトのないイタリア料理も、じゃがいもがないフランス料理も、今となっては考えられませんよね。もちろん日本でも、日々の料理に欠かせないものばかりです。

　そういう意味では、唐辛子も忘れてはなりません。これも新大陸からもたらされたナス科野菜です。インド料理や四川料理、韓国料理にだって、かつては使われていなかったわけです。比較的辛い料理の少ない日本でも、唐辛子は欠かせない食材です。七味唐辛子などの薬味はもちろんですが、ししとうを筆頭に、万願寺唐辛子やぼたんこしょうなど、各地で重要な食べる野菜でもあります。

　ナス科野菜の伝来なかりせば、世界の料理がまったく違うものになっていたであろうことは間違いありません。そんな目で野菜売り場を眺めたら、ナス科のスターたちが一層輝いて見えるはずです。

トマトの一番おいしい食べ方は、もしかすると**「塩だけなすりつけて丸ごとかぶりつく」**なのかもしれません。トマトほどパーフェクトな野菜はそうそうありません。甘味、酸味、旨味がそれ自体完璧なバランスで備わっており、そしてどうでしょう、あの完璧な形状。片手にぴったり収まるサイズ感に、かぶりつくのにちょうどいいアール。かぶりつくと瑞々しいジュースが溢れ、油断すると肘まで垂れてきかねないあの神の雫を、一滴も逃すまいと啜る時の高揚感。もはやなにもいうことはない。……といって終わりたいところでもありますが、本書はレシピ本でもありますので、ちゃんとトマトを使った料理らしい料理についても書いておかねばなりますまい。

素材としてのトマトは、ほかの野菜と少し異なるところがあります。野菜料理というのは、当たり前ですが、野菜そのものをおいしく食べるためのものです。そのために人類は知恵を絞り続けてきました。調味料やだしの助けも借り、そしてなにより野菜そのもののおいしさを引き出すことが重要です。トマトだってもちろん例外ではないのですが、トマトの場合特に重要なのは、それが**ほかの食材においしさを「与える」側でもある**ということです。自立するだけではない、与えてもらうだけではない、むしろ与えるのがトマトの役割。それはいうなればノブレス・オブリージュです。

味・形状・サイズ感……トマトはパーフェクトな野菜

トマト
【科・属】ナス科・ナス属　【原産地】中南米
【旬の時期】6〜9月　【メモ】野菜界のノブレス・オブリージュを果たすもの

ノブレス・オブリージュとしてのトマト料理において、僕はひとつ明確に主張しておきたいことがあります。「日本のトマトはそのまま食べるのに適しているが、ソースや煮込みに使うのには向いていないから、その場合はトマト缶などを使うべき」という言質。あれは嘘です。……嘘はいいすぎだったとしても、あまりにも一面的。ぜひここで紹介しているトマト「だけ」のスパゲッティ（P59）を作ってみてください。いわんとすることはそれで大体理解していただけるはずです。

おいしさを与えるトマト

ほかの食材においしさを与えるのもトマトの役割のひとつ。

箸休め　「トマトをどんぶらこと湯むきします」という文言をいつかメジャー雑誌のレシピでしれっと使ってみたい気持ちがある。

トマト「だけ」のスパゲッティ

生トマトは煮崩して水分をほどよく飛ばすと、それだけでおいしいソースになります。にんにくやバジルなどを加えてもよいのですが、騙されたと思ってまずはこの究極にシンプルなレシピをお試しください。

材料（1人分）

- A
  - トマト（半割り）……2個（300g）
  - 塩……少々（目安2g弱）
  - オリーブ油……20g
- スパゲッティ……100g

作り方

① フライパンにAを入れてふたをし、中火で5分ほど加熱する。

② トマトが柔らかくなり始めたらヘラで潰し、そのまま半量程度まで煮詰める。皮は箸でつまんで取り出してもよい。

③ スパゲッティをゆでて、②に加えて合わせる。

牛肉トマト炒め

すき焼き風にバターが加わるリッチな味に、トマトの旨味と爽やかさが加わる、これぞご馳走といった趣の贅沢な味わいです。最後はきっと、汁ごとご飯にかけずにはいられなくなるでしょう。いや、むしろぜひそうしてください！

材料（2人分）

バター		10g
牛肉（切り落とし）		100g
A	濃口醤油	18g
	みりん	18g
	酒	15g
トマト（くし形切り）		100g
大葉（ちぎる）		5枚

作り方

① フライパンにバターを中火で熱し、牛肉をさっと炒め、色が変わり始めたらAを加える。

② 肉に完全に火が通ったら、トマトと大葉を加えてさっと炒め合わせる。

スプーンで食べる
味染みカプレーゼ

カプレーゼも、こうやってマリネにして味を馴染ませると気取らずに普段の食卓にのせられます。冷製パスタやそうめんのソースとしても活用できます。

材料（2人分）

トマト（1.5㎝角切り）……150g
モッツァレラチーズ（1.5㎝角切り）……100g
にんにく（みじん切り）……3g
バジル……適量（目安5g～）
塩……2g
オリーブ油……20g

作り方

ボウルにすべての材料を入れて混ぜ、10分以上マリネする。

トマトの酢の物

硬いトマトや水っぽいトマトでもしっかりおいしくなります。トマトの旨味が染み出したお酢までおいしく飲み干せます。

材料（2人分）

A
- 米酢……16g
- みりん……16g
- 薄口醤油……8g

トマト（湯むきしてひと口大に切る）……100g

作り方

ボウルにAを合わせ、トマトを浸して30分以上置く。

生のトマト・缶詰・ピューレの使い分け

**フレッシュ感や酸味、コクといった
それぞれのよさを使い分けてみてください。**

生のトマト

生食やマリネ、炒め物だけでなく、煮込みやソースなど形がなくなるまで加熱するものであっても、結局一番おいしいのは生トマトだと思います。ただしソースに使う時は、煮詰めて水分を飛ばし、旨味を凝縮させる必要があります。唯一の欠点は、トマト缶やピューレに比べて割高になってしまう点でしょうか。

トマトの缶詰

安くてたっぷり使える上に、生トマトの7割程度の量でしっかり味が決まり、たいへん使い勝手のよい食材です。ただし若干独特な酸味とクセがあるため、煮込みの場合はしっかりめに煮込んだほうがクセが抜けておいしくなります。パスタソースの場合は、あえてそれを生かしてフレッシュに仕上げることも多いです。

トマトピューレ

そのままでしっかりと凝縮したコクがあるので、カレーやシチューなどに最適なほか、ソースや炒め物にも使えます。生トマトの半量以下で味が決まり、たいへん経済的でもあります。またクセもないので、生トマトと合わせて使っても、フレッシュ感とコクが同時に楽しめます。使い残しは冷凍保存がおすすめです。

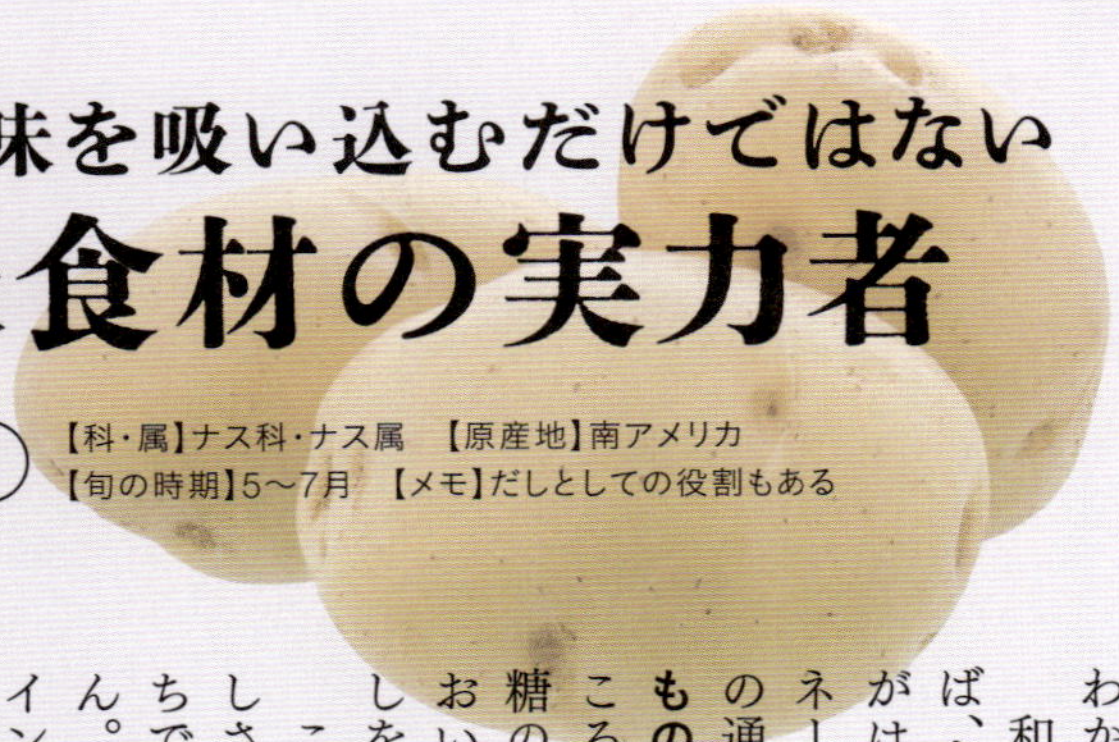

決して味を吸い込むだけではない
旨味食材の実力者

じゃがいも

【科・属】ナス科・ナス属　【原産地】南アメリカ
【旬の時期】5〜7月　【メモ】だしとしての役割もある

トマト料理はノブレス・オブリージュである、といった矢先になんですが、じゃがいもにもちょっとそういうところがあります。でもこの話は、和食を基本に考えるとちょっとわかりにくいかもしれません。

和食におけるじゃがいも料理の代表といえば、なんといっても「肉じゃが」です。肉じゃがは、冷静に考えたらどストレートすぎるネーミングですけど、おいしさの鍵はその名の通り、**肉の旨味と脂を吸い込んだじゃがいものおいしさ**にあります。「じゃがいもの煮っころがし」も忘れてはいけません。醤油や砂糖のシンプルな味付けで、じゃがいも本来のおいしさを引き出す料理です。「おでんのだしを吸い込んだじゃがいも」もはずせません。

こうやって羅列すると、じゃがいもはおいしさを「与えられる」側だと思ってしまいがちです。しかし実は一概にそうともいえません。僕がこのことに気付いたのは、これまたインド料理を通してでした。野菜好きはぜひ一度、インドのベジ料理を履修しておいたほうがいいと思っています。例えば「アルゴビ」という料理があります。これは直訳すると「じゃがいもカリフラワー」であり、要するに肉じゃがのベジ版みたいなものなのですが、ここにおいて**じゃがいもは明確においしさを与える側である**ことがわかるはずです。

西洋料理におけるシチューは水で煮て塩だけで味付けするのが基本ですが、ここにおいてもじゃがいもは明確に「だし」の役割を担っています。ここで紹介する料理でいうと、「グラタンドフィノワーズ」（P67）のじゃがいもを煮ている時に煮汁を味見したら、それが完璧な「ミルクスープ」になっていることにも気付くはず。

トマトほどではないかもしれませんが、じゃがいもは旨味を放出するノブレス・オブリージュ側です。トマトが伯爵であれば、じゃがいもは男爵といったところでしょうか。なんかうまいこといいましたね、僕。

トマトの伯爵、じゃがいもの男爵

トマトもじゃがいもも、ノブレス・オブリージュである。

箸休め　男爵いもはホクホクして美味しいですが、皮がむきにくいのが欠点。実はもっと皮がツルッとしてむきやすい品種もあるそうですが、男爵の知名度と人気が高すぎてなかなか市場に出回らないのだとか。

じゃがいもの
バター醤油煮

いうなれば、バター風味の煮ころがし。じゃがいもは煮崩れてもかまわない、というか多少煮崩れるくらいがおいしいはずです。せっかくなので多めに作って、余ったら、チーズ焼きにしたりベーコンと炒めたり、シンプルなだけにいろいろと応用も効きます。……といいつつ、作ったら作っただけ食べてしまうかもしれない、そんな後を引くおいしさでもあります。

材料（2人分）

じゃがいも（大きめのひと口大に切る）	200g
濃口醤油	10g
バター	20g
水	100g

作り方

① 鍋にすべての材料を入れ、ふたをして中〜弱火で煮る。

② じゃがいもに火が通ったら、ふたを取って余分な水分を飛ばすように煮絡める。

ざくざくフライドポテト

下揚げして火を通した後、もう一度カットして揚げます。このひと手間で、カットした断面が香ばしくザクザクとした食感に仕上がります。まずは塩だけでシンプルにどうぞ。

材料（作りやすい分量）

じゃがいも……適量
揚げ油……適量
塩……適量

作り方

① じゃがいもは1cm厚さの輪切りにする。
② 揚げ油を160℃に熱して①を入れ、火が通るまで（串がすっと入るくらいまで）素揚げする。
③ ②を一旦冷まし、いちょう形に4つ切りにする。
④ 揚げ油を180℃に熱し、③の断面がカリッとなるまで揚げて塩を振る。

グラタンドフィノワーズ

じゃがいもそのものから出るとろみを活用するので、
ホワイトソースを作る手間は不要。じゃがいも本来の
旨味を存分に味わえるシンプルなグラタンです。

材料（2人分）

じゃがいも（スライス）	200g
にんにく（スライス）	5g
牛乳	150g
塩	2g
ローレル	1枚
こしょう	少々
ナツメグ（あれば）	少々
シュレッドチーズ	適量（30～100g）

作り方

① 鍋にチーズ以外の材料を入れてふきこぼれないように中～弱火にかけ、じゃがいもに火が通って、牛乳にとろみがついたら火からおろす。
② 耐熱皿に①を移し、シュレッドチーズをのせ、トースターなどでチーズに焼き目が付くまで焼く。

えびの天ぷらか、なすの天ぷらか、それが問題だ

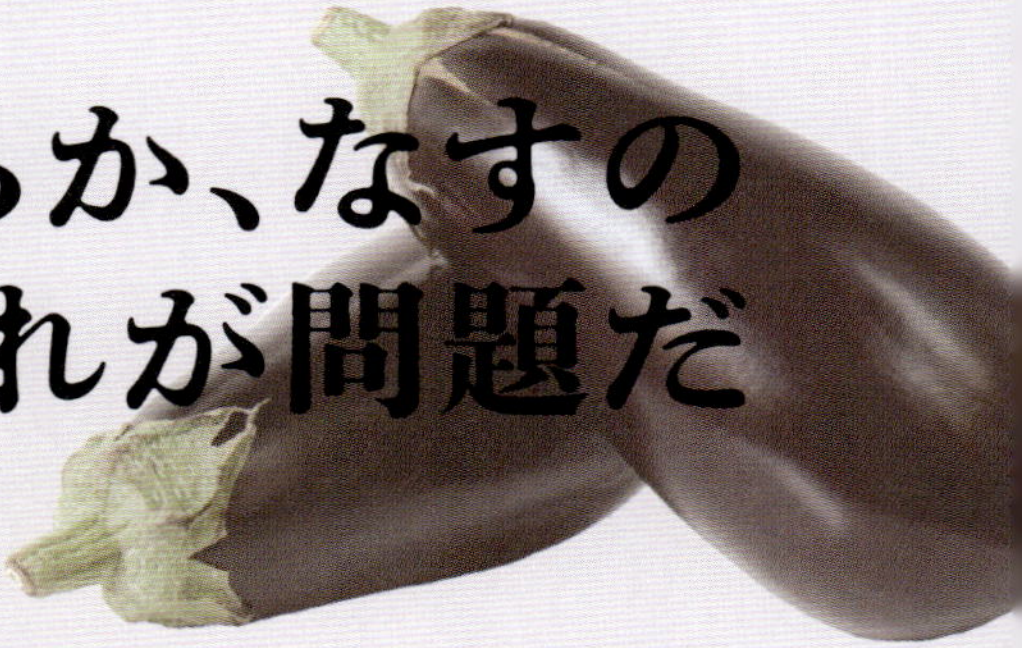

なす　【科・属】ナス科・ナス属　【原産地】インド東部
【旬の時期】6〜9月　【メモ】油脂と相性がよい

僕はなすの天ぷらがことのほか好きです。誰かと天ぷらを食べていると、「僕のえびと君のなすを交換してはもらえないだろうか」という交渉を持ちかけたくなることもしばしばですが、一応それは心に秘めています。あまりにも大人気ない、という自制心が働くのもあるのですが、これは案外断られる可能性もなきにしもあらずなのではないかとも思うからでもあります。

なすとえびの取り引きは、社会通念的には明らかにえびのほうに高い価値があるでしょう。なんなら、なすにプラスしてしとうくらい付けてもらっても、十分以上に釣り合いがとれるはず。交渉が決裂する可能性は限りなく低いと予測できます。しかし一方で、そういう問題ではない、という一面もあります。普段どれだけえびが好きで、なすなんて取るに足らないものだと思っていたとしても、そこから**なすを失う場合の喪失感**は計り知れません。

もしもこの先の生涯で、えび天かなす天のどちらかを諦めなければいけないと仮定したら、あなたはどちらを選びますか？　そう訊かれると、頭を抱え込んでしまう人も決して少なくないのではないでしょうか。

天ぷらがそうであるように、なすは油脂と相性のよい食材です。ここで紹介しているいくつかのレシピでも、**油脂は極めて重要な役割を担っています。**

しかしここにひとつのパラドックスがあります。どれだけなすと油脂の相性がよいといっても、**なす料理の最高峰は、油脂を一切使用しない「焼きなす」である**、という紛れもない事実です。直火で焦げるまで焼いたなすの皮を、火傷しそうになりながらあたふたとむいたら、あとは生醤油でもポン酢でもなんなら塩でも。そこにおろししょうがでもあれば、これほどなすをおいしく食べる料理はありません。

これを僕は「焼きなすのパラドックス」と呼んでいます。

なす天とえび天は同等の価値がある

なすの天ぷらとえびの天ぷらの取り引きを持ちかけたくなる。

箸休め　どうってことのない料理としかいいようがないけど、近所の居酒屋の「なす辛子揚げ」という名のなすの天ぷらに辛子醤油かけただけのつまみがすごい。なんだろうこの完璧なおいしさは。

翡翠茄子

皮をむいて美しく仕上げる、割烹風の上品な一品。油で揚げるひと手間がなすのポテンシャルをぐっと引き出します。だしを含んだなすが、するりと喉もとを通過する、まさに「飲めるなす」。

材料（作りやすい分量）

なす（半割り）	2～3本
八方地（P14）	適量
おろししょうが	適量
揚げ油	適量

作り方

① 揚げ油を160℃に熱し、なすの皮目を下にして揚げる。
② なすに火が通ったら氷水に取り、なすの下部からヘタ側に向けて手で皮をむく。
③ 食べやすい大きさに切り、八方地をひたひたに注いで味を含ませる。
④ 器に盛り、おろししょうがを添える。

なすしぎ焼き

シンプルな焼き物。醤油の少し焦げた香ばしさがご馳走です。
油多めで揚げ焼きするとおいしく作れます。

材料(2人分)

なす(厚めのスライス)……150g
サラダ油……15g
濃口醤油……10g
練り辛子……適量

作り方

① フライパンに油をひき、重ならないようになすを並べる。
② 中火にかけて、両面を焼く。油が足りないようであれば適宜足し、最後に余分な油をきる。
③ なすの表面が香ばしく焼けたら、醤油を回しかけ、フライパンをゆすって全体に絡める。
④ 皿に盛り、練り辛子を添える。

なすとししとうの じゃこ煮

簡単なのに、しみじみおいしい定番おかず。
常備菜にもどうぞ。

材料（2人分）

なす（乱切り）……240g
ししとう……60g
ちりめんじゃこ……20g
サラダ油……30g
濃口醤油……18g
みりん……18g
水……100g

作り方

① 鍋にすべての材料を入れて中火にかけ、沸騰したら弱火にしてふたをし、煮る。
② なすに大体火が通ったらふたを取り、さらに水分を飛ばしながら煮る（仕上がり重量300～350g）。

なすとギリシャ ヨーグルトの冷菜

なすとヨーグルトの組み合わせは、地中海～中東料理の定番です。冷やしてどうぞ。

材料（2人分）

なす（皮をむき、棒状に切る）
……1本（加熱して100g強）

A
- ギリシャヨーグルト（または水切りしたヨーグルト）……100g
- 塩……2g
- おろしにんにく……2g
- オリーブ油……10g

作り方

① 耐熱皿になすを並べ、ラップをして電子レンジで2分加熱する。乾燥しないようにして冷ます。
② 混ぜ合わせたAに①を加え、さらに混ぜ合わせる。
③ 器に②を盛り、お好みでオリーブ油、パクチーやパセリ、粗挽き黒こしょうを振る。

「切らない」という選択肢

ピーマン・パプリカ

【科・属】ナス科・トウガラシ属
【原産地】熱帯アメリカ
【旬の時期】6～9月
【メモ】丸ごとか、ちぎるとよい

ピーマンは「切り方」が結構重要です。普通はまず2つ割りにして、ヘタとタネを取り除きます。ピーマン肉詰めならそれをそのまま使いますし、青椒肉絲《チンジャオロースー》ならそれを丁寧に細く切り、酢豚なら乱切りにします。みじん切りにして香味野菜として使うパターンも少なくありません。ちなみに玉ねぎ・ピーマン・セロリをみじん切りにして合わせたものは、アメリカのケイジャン料理において「聖なる三位一体（holy trinity）」というかっこいい名称で呼ばれており、ガンボやジャンバラヤなどのさまざまな料理のベースとして使われています。これは**ケイジャンに限らず、ミートソースやカレー、ハンバーグなどいろいろな料理に応用できる**ので、おぼえておいて損はありません。

話が逸れました。ピーマンの切り方についてです。僕はある時、**ピーマンを「切らない」**という選択肢に至りました。ヘタもタネも取らない、ということです。これは特に天ぷらで功を奏しました。丸ごとピーマンの天ぷらは、噛んだ瞬間中の空洞からほわっとよい香りが立ち上り、ジュワッと汁がほとばしります。タネもヘタも特に気になりません。おいしい以前に手間も省けるし、これはよい方法だと悦に入って、煮物などにも応用しました。

しかし残念ながらこれは時々失敗します。ピーマンが育ちすぎていると、中に硬いタネがぎっしり詰まっていることもあるのです。これは見た目である程度判断できないこともないのですが、どうやったってハズレることもあります。ハズレの丸ごとピーマンを頬張ってしまうとかなり不快です。

というわけで現在は、**「手でちぎる」という方法**に落ち着きました。包丁を使わずにまずヘタの部分をちぎると、タネが育ちすぎているかどうかはわかります。そこでタネを取って捨てるかそのまま実と一緒にちぎって使うかを判断するというわけです。どういう料理にするかにもよりますが、存在感があって味も染みやすいので、ぜひおぼえておいてください。

聖なる三位一体

玉ねぎ・ピーマン・セロリのみじん切り「聖なる三位一体」はいろいろ使える。

箸休め　ピーマンが絶対に欠かせないのはナポリタン。量的には少ししか入らないのに、あの無くてはならない感は異常です。

ちぎりピーマンの
青《チン》椒《ジャオ》牛《ニュー》肉《ロー》片《ペン》

青椒肉絲はなにかと面倒な料理ですが、そのおいしさの本質は、こうやってもっと気軽に楽しむこともできます。

材料（2人分）

A	牛肉（切り落とし）	100g
	濃口醤油	10g
	酒	10g
サラダ油		10g
ピーマン（手で割ってタネを取りつつちぎる）		100g
オイスターソース		10g

作り方

① ボウルにAを入れ、揉み込む。
② フライパンに油を中火で熱し、①を炒める。大体火が通ったらピーマンを加えてさらに炒める。
③ オイスターソースを加えて全体が馴染むよう、さっと炒め合わせる。

パプリカとピーマンのソーミンチャンプルー

パプリカとピーマンの彩りもご馳走に。そうめんは、ゆでた後に水でしっかりぬめりを取るのがコツ。

材料（1人分）

サラダ油 …… 10g
パプリカとピーマン（どちらかだけでもよい。細切り） …… 合わせて60g
塩 …… 1g
卵 …… 1個
ツナ缶（オイル煮・有塩） …… 35g（1/2缶）
そうめん …… 50g
醤油 …… 2g
ごま油 …… 2g

作り方

① フライパンに油を中火で熱し、パプリカとピーマン、塩を入れて炒める。
② 大体火が通ったら、片側に寄せ、空いているところで卵を炒め、ツナを汁ごと加えて全体を炒め合わせる。
③ そうめんを硬めにゆで（目安1分）、しっかり水洗いしてぬめりを取り、水けをしっかりきって②に加える。
④ 醤油とごま油を加えて、全体を炒め合わせる。

じゃこペペロナータ

パプリカならではの甘く肉厚でみずみずしい特徴を生かしたイタリアの定番料理に、じゃこを加えて和洋中どんな献立にも馴染む一品に仕立てました。

材料（2人分）

パプリカ（細切り）	100g
ちりめんじゃこ	10g
オリーブ油	10g
塩	1g
にんにく（スライス）	2g
酢	10g
水	20g

作り方

フライパンにすべての材料を入れ、ふたをして中～弱火で5分ほど蒸し煮にする。

イカとピーマンの塩バター

意外と知られていないのがピーマンとバターの相性です。イカもピーマンも火を通しすぎないよう、手早く仕上げるのがコツです。

材料（2人分）

ピーマン（細切り）	100g
バター	10g
塩	1g
刺身用イカそうめん	50g

作り方

① フライパンにピーマンとバターを入れて中火で炒め、塩を振る。
② イカを加えてさっと炒め合わせる。

飾りなんかじゃありません

偉い人にはそれがわからんのです

ししとう

【科・属】ナス科・トウガラシ属　【原産地】熱帯アメリカ
【旬の時期】6〜8月　【メモ】小味の効いた繊細な味わい

　天ぷら盛り合わせの皿の手前に1本だけ置かれたししとう、焼肉のカルビに1本だけ添えられたししとう、揚げ出し豆腐のてっぺんに1本だけ飾られたししとう、そういうししとうに出会うと、それだけでちょっと嬉しいと同時に、このししとうだけを存分に食べたい、と身悶えることはありませんか？　僕はあります。確実にあります。

　ししとうに感じるジレンマは、クレソンやルッコラのハーブ扱い問題とも少し似ています。ししとうは綺麗に形の揃ったものが四角い小パックに整然と並んだものが売られています。これは各種料理に飾りとして1本ずつあしらう料理屋さんにとっては都合のいい状態ですが、別に割烹ではないこちらとしては、**「形はどうでもいいんだよ、もっと雑に貪り食いたいんだよ！」**と思ってしまいます。あの1パックの量は、飾りとしてなら10人前以上あるかもしれませんが、ししとうメインで料理を作ろうと思うとせいぜい1人前でしかありません。同様の問題は大葉にもありますが、ししとうにせよ大葉にせよ、不揃いのものが袋にガサッと詰めて売られているものをたまに見かけると、嬉しくなって即購入してしまいます。

　ピーマンの項（P72）で丸ごとピーマンのよさとリスクについては語りましたが、ししとうというのは、いうなれば**安心して食べられる丸ごとピーマン**ともいえます。もちろん味はピーマンとはまた少し違って、もっと小味の効いた繊細な味わい。ガサッと売られているししとうには、一定確率でグリーンチリほどではないもののちょっと辛い「アタリ」が含まれることもありますが、それもまた一興。広い心で受け止めましょう。

添え物のししとう

「雑に貪り食いたい」衝動にかられる、添え物のししとう。

箸休め　ししとうが好きすぎて、さっと素揚げして塩振る、もしくは焦げ目が付くまで焼いてしょうが醤油、で無限に食べられます。 冷凍しておけばグリーンチリ代わりにあらゆるカレーに使えます。

ししとう味噌

ごはんのおともに、おにぎりに、スティック野菜に。そして焼いた肉や魚のディップソースにも。

材料（作りやすい分量）

ししとう（小口切り）	100g
サラダ油	20g
味噌	50g
みりん	50g

作り方

① フライパンに油を中火で熱し、ししとうを炒める。
② ししとうに火が通ってしんなりしたら、味噌とみりんを加える。
③ 全体を馴染ませながら少し煮詰める（仕上がり重量160g）。

ししとう塩七味

材料はすべて適量、作り方はとても簡単。ししとうそのものを味わう、ちょっと贅沢なおつまみです。

材料（作りやすい分量）

ししとう	適量
サラダ油	適量
塩	適量
七味唐辛子	適量

作り方

フライパンに多めの油を中火で熱し、ししとうをさっと揚げ焼きする。塩と七味唐辛子を振る。

香りとともに味わうハーブ

僕はハーブが好きすぎて、道を歩いていてもハーブっぽい見た目の雑草を見かけると、ついついむしり取って匂いを確認してしまうという奇癖があります。当然ながらそれは特によい匂いがするわけでもなく、青臭い雑草の匂いでしかありません。わずかな例外としてはヨモギとミント、あとこれは結局正体はわからなかったのですが、レモングラスのような匂いの葉っぱに当たったことはあります。

　でもいずれにせよそれはレアケースです。ハーブというのは野菜ともまた少し違う存在ですが、僕はいうなればハーブは雑草界のエリートと認識しています。実際のところハーブは、虫や獣に食べられないよう、進化の中で独特の香りを持つ化学成分を獲得したようです。そんな嫌われるための匂いすら美食の糧としてしまうんですから、人

万能パクチーだれ

肉にも魚にも、点心や和え麺のタレとしても使える、とにかく万能な中華・エスニック風のタレ。最もおすすめなのは水餃子です。上からドバッとかけてどうぞ！

材料（作りやすい分量）

- 濃口醤油……40g
- 黒酢（または酢）……40g
- パクチー（茎の部分でよい。刻む）……20g
- にんにく（刻む）……10g
- 一味唐辛子……1g

作り方

すべての材料を混ぜる。

万能ディルマヨネーズ

いうなれば、究極にシンプルなタルタルソース。焼いた肉や魚、フライなどの揚げ物にはもちろんですが、半割りにしたゆで卵にかけた「ウフ・マヨネーズ」は、それだけで素敵な前菜になります。

材料（作りやすい分量）

- マヨネーズ……30g
- プレーンヨーグルト……15g
- ディル（刻む）……3g

作り方

すべての材料を混ぜる。

間とは常軌を逸した食いしん坊です。
　我が身を守りたい一心のハーブの側からしてみれば大迷惑でしょうが、その香りは人々を魅了します。慣れないハーブに対しては、最初は拒否感を感じたとしても、ひとたび受け入れたら、知らない間にヤミツキになってしまっているもの。大好きなハーブがすでにたくさんある方には、ここで紹介するハーブチキングリル（P81）はとてもおすすめです。レシピは一応書いてありますが、要は肉に塩と好みのハーブで味を付けて焼く、それだけのことです。狩猟時代の人類が火を扱うようになったごく初期の料理って、きっとこういうものなんでしょうね。

タイ風えび
バジル炒め

タイ料理のバジル炒めに使うのはガパオ（ホーリーバジル）が基本ですが、海鮮炒めの場合は日本で普通に手に入るバジルに近いホーラパーが使われることがあります。お好みで玉ねぎ、セロリ、ピーマンなどの野菜を加えても。

材料（2人分）

- A
  - オイスターソース……6g
  - ナンプラー……6g
  - 砂糖……3g
- えび（なるべく殻付きのものを使い、殻をむき、背わたを取る）……100g
- サラダ油……10g
- にんにく（みじん切り）……5g
- バジル……20g

作り方

① ボウルにAを入れ、合わせておく。
② フライパンに油をひき、えびとにんにくを中火で炒める。
③ えびに火が通ったら、①とバジルを加えてさっと炒め合わせる。

しそバター牛肉

あっという間にご馳走味。こま切れ肉なら包丁なしで作れます。

材料(2人分)

和牛肉(切り落とし)	200g
バター	15g
濃口醤油	15g
みりん	15g
大葉	10枚

作り方

① フライパンにバターと牛肉を入れて中火で炒める。
② 肉に大体火が通ったら醤油とみりんを加えてさらに炒める。
③ 全体に火が通ったら火を止めて、大葉を手でちぎって加え混ぜる。

パリパリ素揚げパセリ

パセリがどれだけでも大量消費できてしまう一品。パリパリになるまで揚げるのではなく、さっと揚げたパセリが冷める過程でパリパリになります。そのままおつまみとしてはもちろんですが、肉料理、魚料理、サラダなどのトッピングとしてもおすすめです。

材料と作り方(作りやすい分量)

パセリ	適量
揚げ油	適量

160℃の揚げ油でパセリを5秒素揚げする。お好みで塩を振り、粒マスタードを添える。

ニラと豚肉のミント炒め

ニラとミント？ と首をひねるかもしれませんが、中国料理では意外と一般的。ここではごはんの進むおかず味に仕立てていますが、あえてシンプルな塩味にアレンジするのもおすすめです。

材料(2人分)

A	豚ばら肉	100g
A	濃口醤油	10g
A	酒	10g
	サラダ油	10g
	ニラ(食べやすい長さに切る)	90g
	ミント	10g ～お好みで
	オイスターソース	10g

作り方

① ポリ袋にAを入れ、揉み込む。
② フライパンに油をひき、①を中火で炒め、大体火が通ったらニラとミントを加えて炒める。
③ オイスターソースを加えて全体が馴染むまで炒め合わせる。

ハーブチキングリル

いうなればこれは黄金比率。ハーブはお好みのものを自由な組み合わせで使ってください。最初は「タイム多め／ローズマリー少なめ」を意識すると、食べやすい風味に仕上げやすいです。余ったハーブは、焼き上がったチキンの上にどさっとのせると、より本格的なビストロ風に。

材料（2人分）

鶏もも肉	300g
塩	3g
粗挽き黒こしょう	1g
にんにく（スライス）	6g
お好みのハーブ各種	適量（目安10g）
オリーブ油	15g

作り方

① 保存用ポリ袋にすべての材料を入れ、空気を抜いて口を閉じ、マリネする。30分〜ひと晩漬け込む。

② 200℃のオーブンで①をこんがり焼き目が付くまで焼く（目安20分）。お好みでレモンを添える。

ズッキーニ

ゴーヤー

PART 3

かぼちゃ

ウリ科

夏の渇きを潤す
さっぱり野菜

夕顔

冬瓜

きゅうり

ウリ科の野菜は「夏」のイメージです。このウリ科の面々に、オクラ、トマト、なすなどを加えたいわゆる「夏野菜」は、日本の四季の野菜の中でも一種特別な存在感があります。よくよく考えたらどれも通年出回る野菜ばかりなのですが、夏になると気が付いたら夏野菜ばかり食べている、という方も多いのではないでしょうか。

夏のイメージから想像される通り、ウリ科野菜のほとんどは温暖な地域が原産で、当然ながら多く消費されています。南インドの市場では、にがうりやかぼちゃなどのほか、スネークゴード（曲がりくねった細長い瓜）やロウキ（冬瓜に似た硬い瓜）など、見たこともないさまざまなウリ類が大量に並んでいました。

ウリ科は野菜としてだけではなく、果物としても重要です。中東では、乾燥地帯を行き交うキャラバンの人々の渇いた喉を、細長いスイカが潤してくれました。中国や日本の古典文学では、瓜が暑気払いに珍重されていたことが伺い知れます。日本ではメロンが今やすっかり高級フルーツとなりましたが、たまに昔ながらのマクワウリなどを入手すると、その「甘くなさ」に驚きます。かつてこういう極めてさっぱりした瓜が人々の喉を潤していたのだろうと想像すると、高級な甘いメロンより、むしろ尊いもののような気すらしてきます。

食材としてのウリ科野菜の特徴は、誤解を恐れずにいえば「旨味のなさ」と「水っぽさ」です。かぼちゃなどは別として、特に甘さもないことがほとんど。しかしそれは決して短所ではありません。そうであるからこそ、夏場にさっぱりと食べたくなるのです。その**淡泊な味わいをそのまま生かすもよし、だしや油脂で旨味を補うもよし、ウリ科野菜こそが、最も料理の腕やセンスを問われる一群**ともいえるのかもしれません。……でもまあ、そうはいいつつきゅうりなんて、味噌付けてかじるだけで最高においしいんですけどね！

お寿司の盛り合わせに欠かせないのが鉄火巻きとかっぱ巻きです。あくまで脇役とはいえ、マグロと並び称されるきゅうりはなかなか立派なものですね。野菜寿司といわれるものはいろいろありますが、かっぱ巻きはその中でも別格の出世頭といえるでしょう。

実際、魚ばかりのお寿司の中で、かっぱ巻きの**きゅうりがもたらすひとときの清涼感**は貴重です。きゅうりというとなんとなく、水っぽくて地味な野菜というイメージもありますが、かっぱ巻きで食べるとなかなかどうして存在感の強い野菜であることがわかります。ある人気の高級寿司屋さんでは、おまかせの最後にかっぱ巻きが出され、これが名物のようになっています。このかっぱ巻きは手巻きで、丁寧にせん切りされたきゅうりに軽く塩で味付けがされており、醤油は付けずに食べます。こうなるともう完全にご馳走です。

サンドウィッチの世界でこのかっぱ巻きにあたるものが「キューカンバーサンドウィッチ」、いわゆるきゅうりだけのサンドウィッチです。イギリスでアフタヌーンティーの定番のサンドウィッチなのですが、一説によるとこれはかつて富の象徴だったともいいます。

きゅうりサンドは基本バターしか許さない

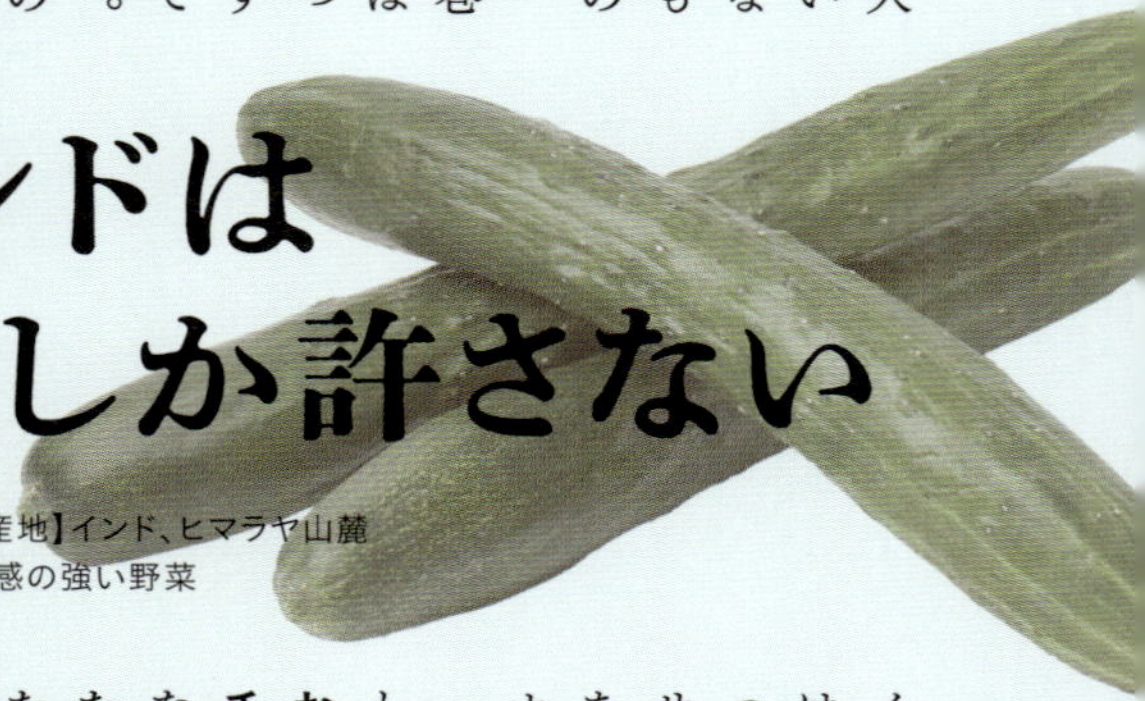

きゅうり　【科・属】ウリ科・キュウリ属　【原産地】インド、ヒマラヤ山麓
【旬の時期】5～8月　【メモ】清涼感の強い野菜

イギリスの気候だと、インド原産のきゅうりは温室がないと栽培できなかったからです。つまりアフタヌーンティーでキューカンバーサンドを出すことは「宅は、温室できゅうりを育てるほどのお金持ちざあますのよ、オホホ」的なマウンティングだったという話……。

しかしわざわざそんな説まで持ち出さずとも、**きゅうりだけのサンドウィッチは抜群においしいのです。僕はあらゆるサンドウィッチの中で、実はこれが一番好きです。**なんとなく心許なくて、ハムかなにかを一緒に挟みたくなるかもしれませんが、その誘惑に負けたら台なしです。そして、パンに塗るのはたっぷりの辛子バター。なんとなくマヨネーズのほうが合いそうな気もするのですが、マヨネーズは当たり前に合いすぎるせいか、なぜかつまらない味になってしまいます。

富の象徴としてのきゅうり

かつてのイギリスではきゅうりでマウンティングしていたとか。

箸休め　夏の大三角形（きゅうり、みょうが、大葉）が入ればなんでもおいしい。

きゅうりの30分漬け

いうなれば、みんな大好き「きゅうりの◯ューちゃん」のフレッシュ版です。
本家に近づけたい方は、ここに濃縮麺つゆを少々加えてください。

材料（作りやすい分量）

きゅうり（5㎜輪切り）	100g
しょうが（せん切り）	10g
濃口醤油	20g
みりん	20g

作り方

ポリ袋にすべての材料を入れ、できるだけ空気を抜いて口をしばる。きゅうりがしんなりしてきたら、もう一度空気を抜いてしばり直し、30分以上置く。

きゅうりのくず煮

生食のイメージが強すぎるきゅうりですが、さっと火を通すと、思わぬおいしさが現れてきます。

材料（2人分）

A
- きほんのだし（P24）……160g
- 薄口醤油……20g
- みりん……20g
- かたくり粉……6g

きゅうり（しま目に皮をむき、1cm輪切り）……200g
おろししょうが……4g

作り方

① 鍋にAを入れてよく混ぜ、きゅうりを加えて中火にかける。
② 常に混ぜながら、汁が沸騰してとろみが付くまで煮る。
③ 器に盛り、しょうがをのせる。

きゅうりの にんにく味噌

極論すれば、味噌をそのまま付けてかじるだけでもおいしいのがきゅうり。ですがせっかくなので、その味噌をほんの少しだけ酒肴寄りにアレンジ（でも日常の食卓なら、本当は味噌だけでいいのかもしれません！）。

材料（作りやすい分量）

	きゅうり	適量
A	お好みの味噌	20g
A	みりん	10g
A	おろしにんにく	2g

作り方

① きゅうりは手のひらの付け根で押し潰し、食べやすい大きさに切る。
② 皿に盛り、混ぜ合わせたAを添える。

きゅうりとにんにくの トルコ風ピクルス

酸っぱくない塩味主体のピクルスです。どこか日本の浅漬けにも似た味わいですので、和食の献立にもぴったり。P78の「万能ディルマヨネーズ」に刻んで加えるのもおすすめ。

材料（作りやすい分量）

水	180g
塩	8g
きゅうり（1cm輪切り）	200g
にんにく（スライス）	10g
鷹の爪	1本
レモン（スライス・半月切り）	4枚

作り方

保存容器に水を入れ、塩を溶かす。残りの材料を加えて漬け込む。

甘くてホクホクの西洋種が人気

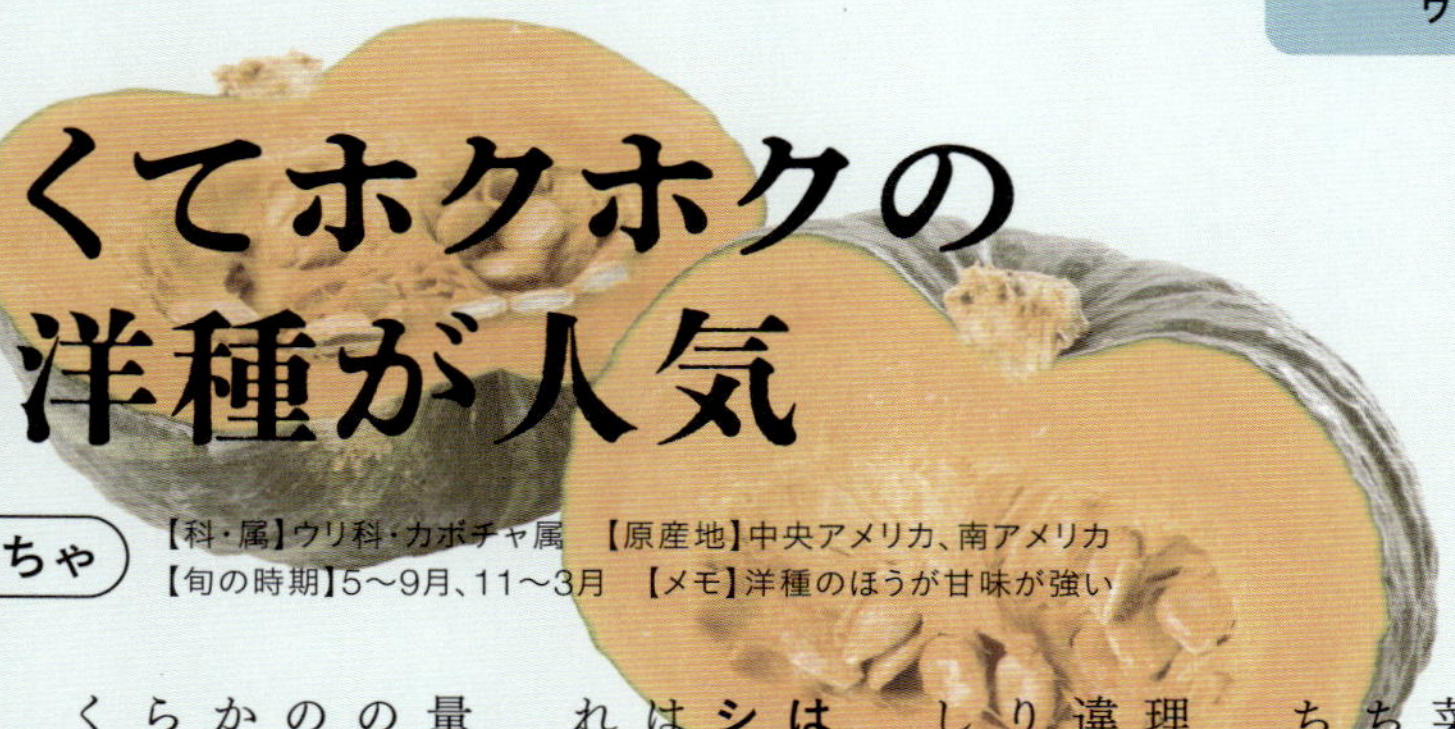

かぼちゃ

【科・属】ウリ科・カボチャ属　【原産地】中央アメリカ、南アメリカ
【旬の時期】5〜9月、11〜3月　【メモ】洋種のほうが甘味が強い

いうまでもなく本書は、野菜好きによる野菜好きのための本です。そんな場でいうのもちょっとアレなんですけど、僕はかぼちゃがちょっと苦手です。

苦手意識のある一番の原因が、かぼちゃ料理の定番ともいえる甘い煮物にあることは間違いありません。たっぷりの砂糖とちょっぴりの醤油で汁けがなくなるまで煮る、艶々とした鼈甲《べっこう》色《いろ》の見た目は魅力的でもありますが。

そんなわけで**ここに並ぶいくつかのレシピは、かぼちゃ嫌いでもおいしく食べられるレシピばかり**ともいえます。左ページの含め煮は、甘くないレシピで掲載していますが、これはよくいえば料理屋さん風でもあります。

ちなみにこのレシピでは醤油とみりんが同量ですが、これはあくまで僕の料理人としての使命感に基づいたものです。料理屋さんでの標準的な味付けがこんな感じなのです。しかしここだけの話、自分のためだけに作るなら、このみりんを半分にします。どんだけ甘くしたくないんだよ、って話ですね。

今普通に出回っているかぼちゃは甘くてホクホクした西洋種がほとんどですが、この種の**甘くない煮物には、本当は水分が多くてあまり甘くない東洋種のかぼちゃが向いています。**……いや、向いているといっていいのかな、僕が単に甘くてホクホクしたものがあまり好きではないだけ、という気もしますが、なにしろ甘い煮物が好きでない方はおぼえておいて損はないでしょう。

ここに掲載していない僕が好きなかぼちゃ料理としては、マリネもあります。これはスライスしたかぼちゃを焦げる寸前まで揚げ焼きしてドレッシングで漬け込むものです。また、天ぷらも好きです。特に江戸前の天丼で、醤油っからく濃いタレが染みたものを食べる時は、「なぜかぼちゃ嫌いなはずの俺がこんなものでモリモリおいしくごはんを食べているんだ?」と少し不思議な気持ちにもなります。……こういうふうに書き連ねていると、自分はかぼちゃが結構好きなのではないか、という気もしてきました。

かぼちゃと和解

かぼちゃが苦手な僕ですが、マリネや天ぷらは好き……。

箸休め　ほうとうはかぼちゃ料理の頂点。お焼きともアルゴビとも通じるよさがある。

かぼちゃの甘くない含め煮

甘いかぼちゃの煮物が苦手な方は、こちらなどいかがでしょうか。もっと甘くないのがお好みなら、みりんを半量にしてもOK。

材料（2人分）

かぼちゃ（ところどころ皮をむき、食べやすい大きさに切る）……200g
きほんのだし（P24）……240g
薄口醤油……15g
みりん……15g

作り方

鍋にすべての材料を入れて中火にかけ、沸騰したら弱火でコトコトかぼちゃが柔らかくなるまで煮て、そのまま冷ます。

※煮詰まりすぎるようであれば水かだしを足し、ひたひたをキープする。

南京まんじゅう

かぼちゃをレンチンして潰して混ぜたら後は焼くだけ。それなのにちょっと手が込んでる風の一品です。

材料（2人分）

かぼちゃ（乱切り）……100g
かたくり粉……10g
塩……1g
サラダ油……適量
バター、濃口醤油……各適量

作り方

① かぼちゃにごく少量の水（分量外）を加え、電子レンジに2分かけて完全に柔らかくする。
② ①をしゃもじなどで潰しながら、かたくり粉と塩を加えて満遍なく混ぜる。円盤状に成形する。
③ フライパンに油をひき、②を中火で両面焼き、こんがりと焼けたらバターと醤油を加えてさっと絡める。

※お好みで「追いバター」をのせても。

かぼちゃのポタージュ

かぼちゃそのものの旨味を味わい尽くす、なめらかなポタージュ。
冷たくした冷製ポタージュもおすすめです。

材料（2人分）

A	かぼちゃ（スライス）	200g
	玉ねぎ（スライス）	100g
	水	150g
	塩	3g
牛乳		150g

作り方

① 鍋にAを入れて中火にかけ、沸騰したらふたをして弱火にし、かぼちゃと玉ねぎが完全に柔らかくなるまで蒸し煮にする（なるべく水分が蒸発しないようにする。減った分の水分は足す）。

② ①の粗熱が取れたら、牛乳を加えてミキサーなどでなめらかに撹拌する。食べる時にお好みでオリーブ油を少し垂らす。

すっかり日本に馴染んだ 西洋野菜の「勝ち組」

ズッキーニ

【科・属】ウリ科・カボチャ属
【原産地】アメリカ南部、メキシコ北部
【旬の時期】6～8月
【メモ】焼く時は水分をしっかり飛ばす

ルッコラ（P53）のところでも少し書きましたが、今の日本で新顔野菜が普及するか否かは、イタリア料理といかに絡めやすいかにかかっているような気がします。古くからある日本の洋食は、フランス料理およびその系譜上にもあるイギリス料理、アメリカ料理から変化したものでした。しかし今やそういう洋食よりも、イタリアンのほうが遥かに影響力があります。どっちが優れているという話でもありませんが、少なくとも**野菜の素材感を生かしてシンプルに料理するには、イタリア料理がとても参考になる**のは確かです。今ではイタリア料理は家庭で作られることもちっとも珍しくなくなっています。そんな中で、新顔の西洋野菜でありながら**あっという間に定番の一角に食い込んだズッキーニ**は、圧倒的な勝ち組といえるでしょう。

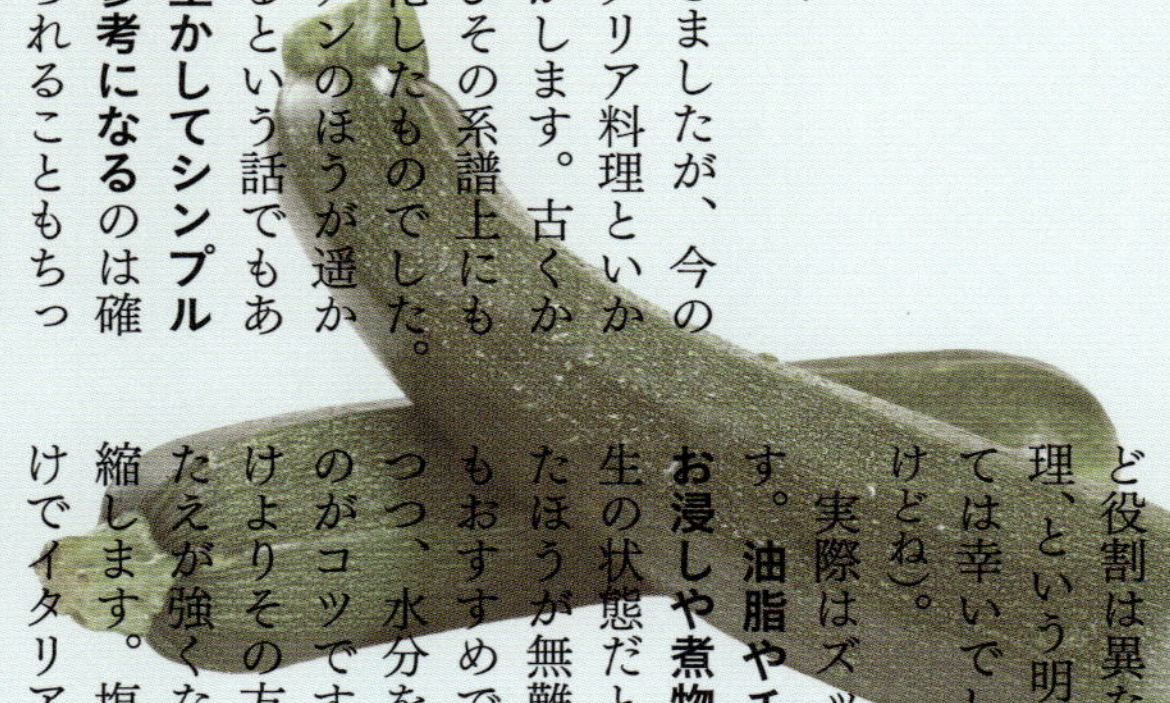

もちろんズッキーニは、単に機に乗じただけではありません。瑞々しくクセのない味わいは、いかにも日本人好みです。そしてちょっときゅうりに似たルックスが親しみやすさを感じさせたのも、多くの人がすんなり手を出した理由のひとつだったのかもしれません。見た目は似ているけど役割は異なり、きゅうりは生、ズッキーニは火を通す料理、という明確な棲み分けがあることも、ズッキーニにとっては幸いでした（本当は火を通したきゅうりもおいしいんですけどね）。

　実際はズッキーニはきゅうりよりかぼちゃに近い野菜です。**油脂やチーズとの相性が抜群なのも確かなのですが、お浸しや煮物など、実は和食にも使いやすい**食材。ただし生の状態だと微量ながら毒素が含まれるので、加熱は行ったほうが無難でしょう。加熱する場合はシンプルに焼くのもおすすめです。焦げる一歩手前くらいまで焼き目を付けつつ、水分をしっかり飛ばすのがコツです。さっと焼くだけよりその方が不思議と歯ごたえが強くなり、当然味も凝縮します。塩を振ればそれだけでイタリアンの前菜になりますが、あえてしょうが醤油で和風に、というのもよいものです。

ズッキーニにはかなわない

ルッコラやロマネスコなどの西洋野菜を押しのけ、頂点に立つズッキーニ。

箸休め　ズッキーニの花にいろいろ詰めて揚げる貴族の食べ物があるけど、輪切りのズッキーニにパン粉をまぶしてフライにしてウスターソースだばだばかけるのも相当うまい。

ズッキーニのごま和え

ズッキーニは和風もいける。淡泊なズッキーニがごまのコクで白米に馴染むおいしさに。

材料（2人分）

ズッキーニ（5㎜輪切り）……100g（ゆでた後の重量）
すり白ごま……10g
濃口醤油……10g
砂糖……5g

作り方

① 鍋に湯を沸かし、ズッキーニをさっとゆでる。軽く水にさらして水けを絞る。
② ボウルに①、ごま、醤油、砂糖を入れて和える。

ズッキーニのピカタ

衣がはがれがちなピカタも、最後に余った卵液を流し入れて焼くから心配ご無用。キンキンに冷やした白ワインとどうぞ。

材料（2人分）

A
- 卵……2個
- 粉チーズ……20g
- 塩……1g
- 粗挽き黒こしょう……ひとつまみ

サラダ油……10g
ズッキーニ（1㎝輪切り）……1本

作り方

① Aを混ぜ合わせる。
② フライパンに油を中火で熱し、①にズッキーニをくぐらせて焼く。
③ 焼き目がついたらひっくり返し、残った①を流し入れる。卵が大体固まったら完成。

苦さがおいしいという味覚の謎

ゴーヤー　【科・属】ウリ科・ツルレイシ属　【原産地】東インド、熱帯アジア
【旬の時期】6～9月　【メモ】苦くて逃げ場がない

僕が生まれ育った鹿児島では、ゴーヤーは「にがうり」もしくは「にがごい」と呼ばれ、夏になると頻繁に食卓にのぼりました。左ページの「にがごい炒め」はそんなにがごい料理の大定番です。

沖縄風のゴーヤーチャンプルーは、厚めに切ったゴーヤーをシャキッと炒め、豆腐は四角い形を保った状態でこんがり、卵はあくまで半熟にとろりと仕上げますが、**にがごい炒めはそのすべてが渾然一体となって馴染んだ状態に仕上げるのがコツ**です。似ているようでまったく違う料理です。もっとも、シャキッと仕上げるゴーヤーチャンプルーは、あくまで料理屋さんのスタイルで、おばあが作る家庭的なゴーヤーチャンプルーはこのにがごい炒めにも近いものだった、という沖縄の方もいました。きっと家ごとにいろいろなやり方があったのでしょうし、それはこのにがごい炒めも同じはずです。

「ワタごと素揚げゴーヤー」（P96）は、タネごと輪切りにして揚げています。これは鹿児島ではなく、インドで学んだやり方。**タネの部分はカリッとナッツのように、そしてワタの部分はとろりとクリーミー**に仕上がります。インドだとこれをこの後マサラとともに炒めたり煮たりするわけですが、この揚げただけの状態も、つまみ食いが止まらなくなるおいしさなのです。不思議なことにインド人は「ゴーヤーはイボの先端が苦い」といって、その部分をこそげ落とします。日本ではご存じの通り、「ワタが苦いからスプーンなどで抉り取る」というのが常識。本当のことをいっているのはどちらなのでしょうか。僕は「結局どっちも苦いものは苦い」という結論に至ったので、少なくともこの料理に関しては、イボもワタもそのまま使うことにしました。

「焼きゴーヤー」（P96）は、大酒飲みだった祖父が焼酎のつまみとしてよく食べていたもので、子どもの頃はそのおいしさがさっぱりわかりませんでした。やたら苦くて酸っぱくて、どこにも逃げ場がないじゃないか、っていう。しかし、今は僕も好物です。大人になるってそういうことですね。

苦い部分は国によって違う？

インド人はイボの先端が、日本人はワタが苦いというけれど……。

箸休め　汁物や煮物にゴーヤーを使うのが苦手。ただ例外もあって、台湾で食べた発酵パイナップルと苦瓜のスープは実においしかった。心の中でなるほど！なるほど！なるほど！と10回くらいいった。いや、実際声にも出てたかも。

にがごい炒め

いうなれば鹿児島風のゴーヤーチャンプルー。鹿児島ではゴーヤーを「にがごい」と呼ぶのです。ゴーヤーを薄くスライスして一度塩揉みして柔らかくしておくことで、全体がしっとりと馴染んだ仕上がりになります。親しみやすい味わいで、冷めてもおいしいので常備菜としても。

材料（2人分）

A	ゴーヤー（ワタを取ってスライス）	1本（200g）
A	塩	2g
サラダ油		20g
豚こま切れ肉（細かめに刻む）		100g
木綿豆腐		1/2丁（200g）
薄口醤油		20g
みりん		20g
卵		1個

作り方

① ボウルにAを入れ、塩もみして水けを軽く絞る。
② フライパンに油をひき、豚肉を中火で炒め、火が通ったら①を加える。
③ ゴーヤーに油が馴染んだら、豆腐を手で崩しながら入れる。続けて醤油、みりんも加えて、混ぜながら炒め煮にする。
④ 全体に火が通ったら、溶いた卵を回し入れ、混ぜながら卵が固まるまで炒める。

焼きゴーヤー

苦味を愛する真のゴーヤー好きにおすすめの、
最もハードコアなゴーヤー料理です。

材料(作りやすい分量)

ゴーヤー …… **適量**
梅酢(または酢醤油) …… **適量**

作り方

ゴーヤーを焼き網、または直火でイボイボ部分が少し焦げるまで皮目だけを焼く(内側にまで完全に火を通す必要はない)**。薄くスライスし、梅酢をかける。**

ワタごと素揚げゴーヤー

ワタやタネを取らず、スライスしたものをそのまま素揚げにします。カリッとなったタネも食感のアクセントに。

材料(作りやすい分量)

ゴーヤー …… **適量**
揚げ油 …… **適量**
ポン酢(P13) …… **適量**

作り方

ゴーヤーを6㎜程度の厚さにスライスし、180℃の揚げ油で素揚げする。皿に盛り、ポン酢をかける。

淡泊の女王

冬瓜

【科・属】ウリ科・トウガン属
【原産地】インド
【旬の時期】7〜9月
【メモ】味を吸わせること

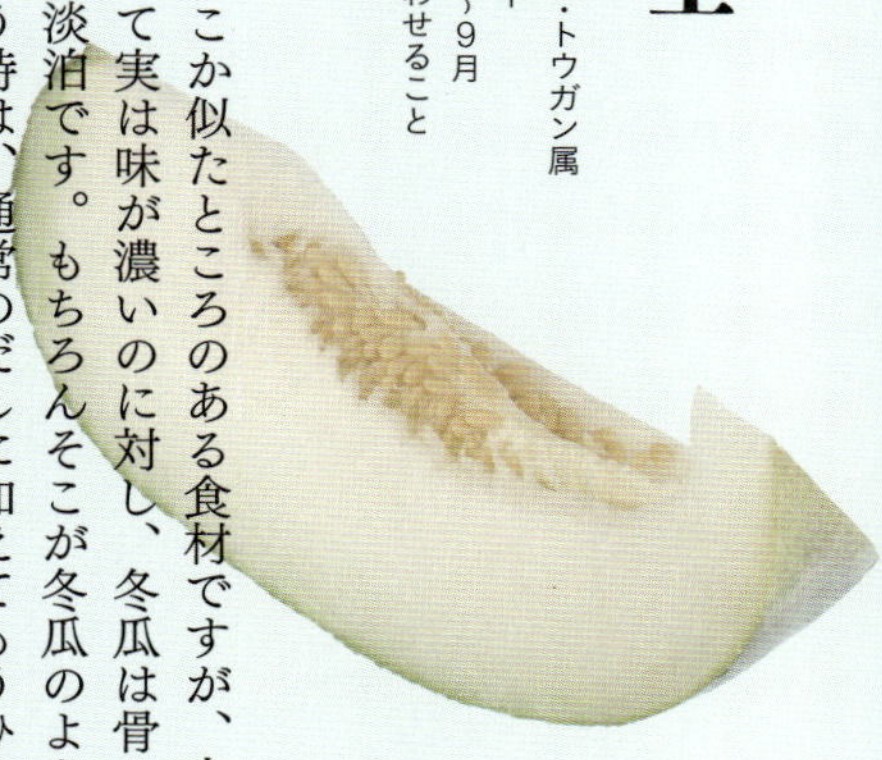

冬瓜は大根ともどこか似たところのある食材ですが、大根が淡泊そうに見えて実は味が濃いのに対し、冬瓜は骨の髄から掛け値なしに淡泊です。もちろんそこが冬瓜のよさ。

煮物やスープに使う時は、通常のだしに加えてもうひとつ、なにか味の出る食材を加えて、その**味を冬瓜にしっかり吸い込ませることがおいしさのコツ**です。ここでは干しえびですが、豚肉や鶏肉、ホタテなどもよいものです。

干しえびと冬瓜の含め煮

材料と作り方（2人分）

鍋に冬瓜（皮をむいて食べやすい大きさに切る）200g、きほんのだし（P24）240g、薄口醤油、みりん各15g、干しえび5gを入れ、弱火で冬瓜にすっと串が入るまで煮て冷ます。

かんぴょうはとても使いやすい乾物

夕顔

【科・属】ウリ科・ユウガオ属
【原産地】北アフリカ、インド
【旬の時期】7〜8月
【メモ】すぐ戻る・すぐ煮える

夕顔を干したものがかんぴょう。関東地方以外ではあまり馴染みのない食材かもしれません。僕も東京で初めてかんぴょうだけの細巻き寿司を食べてびっくりしました。しかし今では、これはもっと全国で日常的に使われるべきものだと思っています。昔のかんぴょうは戻すのがちょっとたいへんだったそうですが、今は製法も変わり、すぐ戻るしすぐ煮えます。**関西風の薄味のだしとの相性もとてもよい**ので、西日本の方もぜひ！

かんぴょうと厚揚げの炊き合わせ

材料と作り方（2人分）

かんぴょう20gを戻し、食べやすい長さに切ってさっとゆでる。鍋にかんぴょう、厚揚げ100g、きほんのだし（P24）180g、薄口醤油、みりん各15gを入れ、中火でかんぴょうが好みの硬さになるまで煮る。

箸休め

関東で単に「のり巻き」というと、甘じょっぱく煮たかんぴょうだけの細巻き寿司のこと。これにわさびが入ってもおいしいんですが、昔気質の職人さんだと断られることもあるとか。

豆・豆・豆

青豆類って、数ある野菜の中でも最も味の濃い一群だと思います。だから基本、ゆでただけでおいしい。枝豆なんて完全にそうですね。ここでは、枝豆の濃い旨味をなるべく流出させず、なおかつほどよい塩味をしっかり浸透させるゆで方を「結局一番おいしい枝豆のゆで方」(P101)としてご紹介しました。

枝豆に限らず、青豆類の旨味を最大限感じるためには、「柔らかめ・しょっぱめ」がおすすめですが、このあたりの好みは地域性も含めて人それぞれです。コリコリとした硬い食感が大事という人も、塩味をあまり付けずに豆豆しさを楽しみたいという人もいることでしょう。ただし、ことスナップえんどうに関しては、硬め一択かもしれません。そんなスナップえんどうを最もおいしく食べるレシピとは? と悩みに悩んだんですが、

スナップえんどう マヨネーズ

いろいろ考えた結果、スナップえんどうを最もおいしく食べるのは結局これという結論に。

材料(作りやすい分量)

スナップえんどう(ゆでたもの)……適量
マヨネーズ……適量

作り方

皿にスナップえんどうを盛り、マヨネーズを添える。

スナップえんどう ソテー バル風

相性のよい、卵と生ハムを取り合わせたタパス風の一品。とにかくワインが進みます。

材料(作りやすい分量)

スナップえんどう(ゆでたもの)……適量
生ハム(ベーコンやソーセージでもOK)……適量
オリーブ油……適量
半熟目玉焼き……1個分

作り方

フライパンにオリーブ油を中火で熱し、スナップえんどうと生ハムをさっと炒める。皿に半熟目玉焼き、炒めたスナップえんどうと生ハムの順に盛る。

それは結局ゆでたてにマヨネーズを付けることである、という結論に至りました。それはもはやレシピではないのでは、とも思いましたが、改めて読者のみなさんとともにそのおいしさを再確認したかったので、あえて堂々と掲載しました。
　豆の中でも、さやいんげんやグリーンピース、絹さやなどは、どうしても「彩り」「飾り」のイメージが強いですが、時には単体でそのおいしさと正面から向き合ってみてください。「こんなにおいしかったんだ！」みたいな驚きも、きっとあるはずです。

そら豆と豚肉の高菜炒め

不思議と合うそら豆と高菜の組み合わせ。
豚肉なしでも作れます。

材料（2人分）

- サラダ油 …… 10g
- 豚こま切れ肉（粗く刻む） …… 100g
- そら豆（塩ゆでして薄皮をむく） …… 100g
- 高菜漬け …… 50g
- 濃口醤油 …… 10g程度（高菜漬けの塩気によって加減する）

作り方

① フライパンに油を中火で熱し、豚肉をさっと炒める。
② 豚肉に火が通ったら、そら豆と高菜漬けを加えてさらに炒め、仕上げに醤油を加える。

そら豆スマチー

イタリアではそら豆にペコリーノチーズの組み合わせが定番なのですが、ペコリーノチーズはちょっと手に入れにくい。ということで、国産セミハードチーズの傑作「スマートチーズ®」を合わせます。食感が揃うこともあって、むしろこちらのほうがおいしいかも!?

材料（作りやすい分量）

- そら豆（塩ゆでして薄皮をむく） …… 適量
- スマートチーズ® …… 適量

作り方

皿にそら豆を盛り、スマートチーズ®を添える。

いろいろ青豆の温サラダ

あの「柔らか青豆の温サラダ」をいろいろな豆で作ってみました。お好みの豆でどうぞ。

材料（作りやすい分量）

お好みの豆（ゆでる）	適量
生ハム	適量
オリーブ油	適量
ポーチドエッグ	1個分

作り方

豆と生ハムをさっとオリーブ油でソテーして、塩を振る。皿に盛り、ポーチドエッグをのせる。

いんげんのグラッセ

下ゆですることなく、いんげんのおいしさをダイレクトに楽しめます。肉料理の付け合わせにもぴったり。

材料（作りやすい分量）

さやいんげん	200g
水	100g
塩	2g
バター	20g

作り方

① フライパンにすべての材料を入れて中火にかけ、沸騰したらふたをして弱火で蒸し煮にする。
② 大体火が通ったらふたを取り、汁けを適度に飛ばす。

浸し豆

割烹風の上品な小鉢。作り置きしておくと、さまざまな料理のあしらいにも使えます。

材料（作りやすい分量）

グリーンピース（またはうすいえんどう。塩ゆでする）	適量
八方地（P14）	適量

作り方

グリーンピースは塩ゆでし、八方地をひたひたに張ってしばらく置く。

結局一番おいしい枝豆のゆで方

枝豆は、結局ゆでて食べるのが一番おいしいと思います。しっかりめに塩を効かせて、少なめの水で強火でゆでるのがおすすめです。「枝豆の硬さは柔らかめが好み」という方なら、ふたをしてからゆでる時間を少し長めに調整してみてください。

材料（作りやすい分量）

枝豆	200g
水	200g
塩	6g

作り方

① 鍋に材料をすべて入れて混ぜ、強火にかける。

② 沸騰したらふたをして中火で3～4分、少し硬めにゆでる。

③ 火を止めてそのまま粗熱を取る。途中何度か上下を返し、枝豆を塩水に浸しながら冷ます。

ニラ

玉ねぎ

みょうが

レタス・サニーレタス

PART 4

長ねぎ

キク科・ヒガンバナ科・ショウガ科

らっきょう

苦味や独特な香りで存在感を示す

にんにく

ごぼう

しょうが

春菊

キク科の野菜はアブラナ科と双璧をなす、葉物野菜の一大勢力です。アブラナ科野菜の特徴のひとつが「辛味」であるのに対し、**こちらは「苦味」が重要な要素**。特に、チコリ、エンダイブ、トレビスといったあたりは、かなり強い苦味があります。これらはなんとなく「見た目がおしゃれな野菜」としてレストランのサラダなどに少量だけトッピングされがちです。しかしこれは決して見た目のためだけではなく、**サラダの味わいに複雑な奥行きを与える、密かに重要なパーツ**なのです。

キク科野菜の代表ともいえるのがレタス類。こちらは長年の品種改良により、苦味は抑えられ、「パリッとした心地良い食感担当の食べやすい野菜」のように扱われます。しかしその味わいの奥には、やはりかすかな苦味があり、それこそがレタスの魅力です。

日本人にとって欠かせないキク科野菜として、春菊も忘れてはなりません。苦味と独特な香りはかなり個性的で、子どもの頃は苦手だったけどいつの間にか好きになっていた、という方も多いのではないでしょうか。

そんな春菊同様、大人になると好きになる野菜の代表格がみょうがで、これはショウガ科の野菜です。そしてしょうがと双璧を成す「香味野菜」の代表がにんにくで、こちらはヒガンバナ科。この科にはほかにねぎや玉ねぎ、ニラなども含まれ、つまり**この2つの科は、薬味界の両巨頭**ともいえるでしょう。

そもそも薬味といわれるもの全般が、大人になるほど好きになるものです。大人になるって、いったい何なのでしょうね。酸いも甘いも噛み分ける大人、なんて言い回しがありますが、野菜の世界でいうならば、苦味も辛味も独特の香りも受け入れ、それが人生において欠くべからざるものになる、それこそが大人への階段なのかもしれませんね。

ドレッシングは満遍なく

レタス・サニーレタス

【科・属】キク科・アキノノゲシ属　【原産地】西アジア、地中海沿岸
【旬の時期】4〜9月　【メモ】生・炒め・ゆでなんでもござれ

レタス類に関しては、**サラダだけではなく炒めてもおいしいし、ゆでてもおいしいし、和風の煮物にもよく合います**よ、ということもお伝えしたいのですが、ここではまず「本業」であるサラダについて、僕の提案をどうかお聞きください。

ドレッシングはもはや、買ってくるのが当たり前になっています。和風ドレッシングが主流で、それに対してシーザードレッシングがやや健闘しているくらいの状況でしょうか。そしてそれを生野菜にたっぷりかける人もいれば、慎重にちょびっとかける人もいます。

たっぷり派の方には、正直ここで特に申し上げることはありません。それはいうなれば、生野菜を「おかず味化」しているようなもので、ある意味文明的な営みでもあります。僕は中国人青年が、和風ごまドレッシングをたっぷりかけたサラダをおかずにしてモリモリごはんを食べているのに遭遇したことがあります。あっぱれ、と思いました。どうせやるならそこまでやって欲しいとまで思います。

しかし、ちょっぴり派の方には、ぜひ聞いていただきたい話があるのです。そういう方は、ドレッシングをかけすぎず、なるべく野菜そのものの味を楽しみたいという気持ちがあることでしょう。であれば、**ドレッシングは買う必要はない**、というのが僕の提案です。

これは「ドレッシングは自家製にしましょう」というのとは若干ニュアンスが異なります。具体的には22ページをご覧ください。塩、酢、オイルなどをその場で混ぜて野菜と和える、というのが大まかな流れです。「その都度使う分だけドレッシングを作る」ともいえますが、実際やってみると「作る」というほどの作業でもありません。

この時重要なのは、**レタスなどの葉の隅々まで満遍なくドレッシングを行き渡らせること**です。オイルを満遍なく塗る、という感覚で、まさにドレス（着せる）という言葉がよく似合います。

ドレッシングでドレスアップ

文字通りドレッシングをドレス（着せる）するのがサラダのコツ。

箸休め　レタスという野菜は軟弱そうに見えて案外タフな野郎。少々の熱ではそのパリパリ感を失わず、それどころか熱はレタスの野性を呼び覚ます。

豚ばらとサニーレタスのにんにくこしょう炒め

炒めたサニーレタスは、生の時よりむしろほろ苦く、力強い味わいになります。こんがりと炒めた豚バラとにんにくのパワーで、その力強さを目一杯楽しむのがこのレシピ。サニーレタスにはさっと火を通すことで、シャクっとした軸の食感はそのまま生かします。

材料（2人分）

サラダ油	10g
にんにく（スライス）	5g
豚ばら肉（スライス。食べやすい大きさに切る）	100g
塩	2g
粗挽き黒こしょう	1g
サニーレタス	100g

作り方

① フライパンにサニーレタス以外の材料を入れ、中火で炒める。

② 豚肉が少しこんがりとして、にんにくの香ばしい香りが立ったら、サニーレタスを加えてさっと炒め合わせる。

レタスの食いしん坊サラダ

レタスだけのシンプルなサラダに、冷蔵庫の残り物でもなんでも目についたおいしそうなものを、欲望のままにどんどんのっけていきます。いつの間にか完璧なご馳走が完成しているはずです。

材料（作りやすい分量）

レタス（大きくちぎって冷水でパリッとさせる）……100g

A
- 塩……1g
- 酢……5g
- オリーブ油……15g

目についたおいしそうなもの……なんでも好きなだけ

作り方

① ボウルにAを入れ、しっかり合わせる。

② レタスの水けをよくきって、①のボウルの中で葉の隅々までドレッシングが満遍なくコーティングされるように、指先で優しくしっかり混ぜて器に盛る。

③ おいしそうなものをありったけのせる。

※写真は、生ハム・フライドポテト・ピクルス・ベーコンエッグ・トーストなど

レタスと厚揚げの煮浸し

レタス類は「菜っぱの一種」として捉えれば、和食にも幅広く使える便利な野菜です。煮物以外に、お浸しや味噌汁にもおすすめ。

材料（2人分）

レタス、厚揚げ	合わせて100g
きほんのだし（P24）	80g
薄口醤油	10g
みりん	10g

作り方

① レタスと厚揚げは食べやすい大きさに切る。

② 鍋にだし、醤油、みりんを入れて混ぜ、①を加えて時々混ぜながらさっと煮る。

昔のクセ強春菊に想いをはせる

春菊　【科・属】キク科・キク属　【原産地】地中海沿岸
【旬の時期】12〜3月　【メモ】香り・苦味・歯触りが魅力

大人になってから好きになる野菜というものが世の中には結構あり、例えばみょうがなんてその最たるものでしょうが、春菊はそれに次ぐくらいの存在なのではないでしょうか。

僕は子どもの頃、食べられないというほどではありませんでしたが、鍋の時などは親に見つからないよう、こっそりなるべく避けて食べていた記憶があります。まあバレバレだったんでしょうけど。それが今となってはまったく抵抗がないどころかむしろ大好物です。あの**ちょっと独特な香りも好ましいですし、硬そうに見えて意外となめらかな歯触りも魅力**です。僕は春菊、鶏肉、豆腐だけのシンプルな鍋をよく作るのですが、その時春菊は少なくとも1袋以上、たっぷりと入れます。

世間ではよく**「昔の春菊はもっと苦くて香りもクセが強かった」**という話を聞きます。そういわれてみるとそんな気がしなくもないのですが、同時に、それはただ自分の味覚が大人になってしまっただけなのではないか、とも思うのです。大人になったというと聞こえがいいですが、単に繊細さを失い鈍感になっただけともいえます。それを春菊の側だけのせいにしてしまうのもいかがなものか、と。

とはいえ、野菜の品種改良は基本的にクセがなく食べやすい方向に進むものですから、春菊も程度はともかくそうなっていても不思議はないですね。いずれにせよ僕は、モリモリ食べられる今の春菊に完全に満足しています。ただし、ひとつだけ残念なことがあります。それは立ち食い蕎麦屋さんの春菊天。昔の春菊が今よりクセが強かったというのが本当なら、当時の春菊天はもっと苦くて香りも強く、いうなれば巨大な山菜天みたいでめちゃくちゃおいしかったのではないか。ついそんな想像をしてしまうのです。

そもそもですが、天ぷら専門店や普通のお蕎麦屋さんではあまり見ることのない春菊天が、なぜ立ち食い蕎麦屋さんだけでは定番なのかも結構な謎です。

昔の春菊で天ぷらを作ったら……

クセ強な巨大な山菜天だったかも。

箸休め　大葉と春菊の天ぷらは、衣を食べるための言い訳ではないかと薄々思っている。

春菊のガパオ風

春菊の香りをハーブのように生かして、ガパオライス風に仕上げます。

材料（2人分）

A	ナンプラー	8g
	オイスターソース	8g
	砂糖	4g
サラダ油		10g
にんにく（みじん切り）		5g
鷹の爪（ちぎる）		1本
豚粗挽きひき肉（または切り落としを細かめに切る）		100g
春菊（細かく切る）		100g

作り方

① ボウルにAを合わせる。
② フライパンに油をひき、にんにく、鷹の爪、豚肉を中火で炒める。
③ 豚肉に火が通ったら春菊を加えて炒める。春菊に火が通ったら①を加えて全体が馴染むまで炒め合わせる。

※お好みでにんじんバターピラフ（P137）や目玉焼きを添えて

春菊の白和え

たっぷり加えるすりごまが水分を吸ってくれるので、豆腐の水切りは不要。混ぜるだけで作れます。ほうれん草などほかの葉物野菜にも応用可能です。

材料（作りやすい分量）

A	木綿豆腐	200g
	すり白ごま	20g
	塩	2g
	薄口醤油	3g
	砂糖	8g
春菊		100g

作り方

① ボウルにAを入れ、ホイッパーでなめらかになるまで混ぜる。
② 鍋に湯を沸かし、春菊をさっとゆでる。水けをしっかり絞って食べやすい長さに切る。
③ ①に②を加えて混ぜる。

太平洋戦争中に日本軍の捕虜となった連合軍兵士が、食事として出されたごぼうを木の根と勘違いし、それが戦後の裁判で虐待事案として扱われたという話が巷間に伝わっています。ただしこのエピソードはちょっと眉唾ものでもあるようで、記録として残されている証言では、ごぼうらしきものが「木のように硬いラディッシュ」と表現されてはいますが、さすがにそれを虐待と受け取るまでの誤解はなかったはず、というのが真相のようではあります。

しかし話の信憑性はともかく、ごぼうは、**確かに木の根といわれれば木の根にしか見えません**。我々はもうすっかり慣れきっていますが、冷静に考えたらかなり奇妙な食べ物です。ごぼうのなにがおいしいのかと聞かれても、なかなかうまく答えられないような気もします。とりあえず土臭いです。比喩的な意味での土臭さではなく、**リアルに土の匂い**。しかしなぜかそれがおいしいんですね。煮物や肉料理に混ざっていると、その**匂いがごぼう以外の食材までおいしくしてくれている**ことにも気付きます。がめ煮（筑前煮）にはごぼうが欠かせません。ごぼうが入らないと、

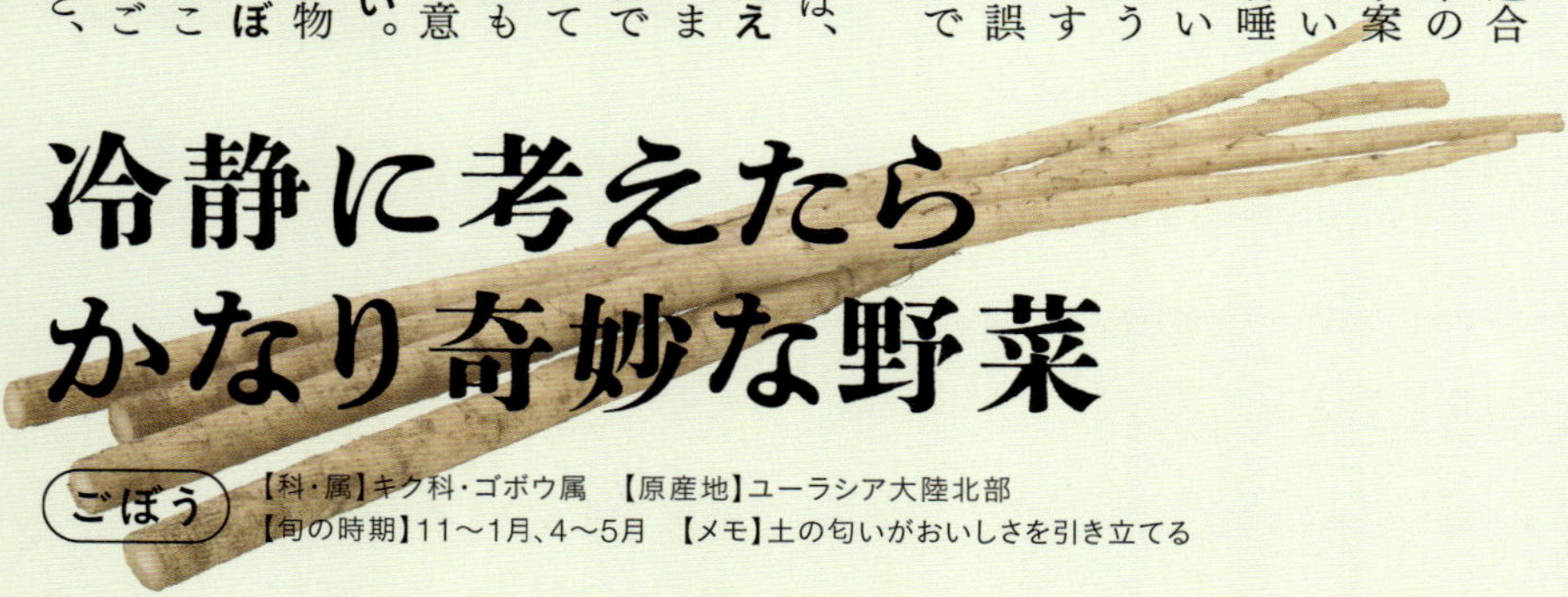

冷静に考えたら かなり奇妙な野菜

ごぼう

【科・属】キク科・ゴボウ属　【原産地】ユーラシア大陸北部
【旬の時期】11～1月、4～5月　【メモ】土の匂いがおいしさを引き立てる

どこか間が抜けたような味に感じられます。肉料理や鰻の柳川鍋、あら煮などにごぼうが入ると、土臭さが逆に臭み消しになるという、なかなか不思議な現象が起こります。

木の根といわれたら……

木の根と似ている。そしてリアルな土の匂い。しかしこの匂いが重要。

ごぼう料理の代表といえば、「きんぴらごぼう」（P16）です。ささがきごぼうを歯ごたえよく仕上げる料理のイメージかもしれませんが、実はこれは東京を中心とした関東のきんぴらごぼう。西日本では、せん切りにしてしっとり柔らかめに煮たきんぴらもよくあります。僕が東京の古い酒場で出会ったお通しのきんぴらごぼうは、生からさっと炒めただけのような硬さでした。味付けも甘味をほぼ感じないストロングな醤油味で、同じ料理でも地域や時代ごとの差ってこんなにも大きいんだなとびっくりしたのをおぼえています。

箸休め　香りが特徴的な大根をスパイスというなら、ごぼうもスパイス。香りだけなら同じ系統のターメリックより優秀。

ごぼうのアグロドルチェ

土臭さを味わうきんぴらごぼうやがめ煮ももちろんおいしいですが、ここではあえてあかぬけた味を提案します。シチリア風のシンプルなイタリアン前菜です。

材料（2人分）

ごぼう（ささがき）	50g
玉ねぎ（スライス）	50g
塩	1g
ワインビネガー（酢でも可）	15g
砂糖	5g

作り方

① フライパンにすべての材料を入れて混ぜながら中火にかけ、少ししんなりしてきたら弱火にしてふたをし、10分ほど蒸し煮にする。
② 冷やしてから皿に盛り、お好みでオリーブ油と粗挽き黒こしょうを振る。

五葷《ごくん》のボスキャラ、だがそれがいい

ニラ

【科・属】ヒガンバナ科・ネギ属
【原産地】東アジア
【旬の時期】11～3月
【メモ】薬味にも、メインにも

「五葷」という言葉があります。これは仏教用語で、ねぎ、ニラ、にんにく、しょうが、らっきょうといった特に香りの強い野菜のことを指し、「五葷は修行の妨げになるから食べるべからず」という教えがあるのです。ここで挙げられているのはいわゆる「香味野菜」であり、精が付く食べ物とも見なされています。「精」を「精力」と解釈するのであれば、確かに無駄に精力を付けてしまっては、おちおち修行にも励んでいられなくなりそうな気はしなくもありません。であるにせよ、それってなんだか昭和の中学校の馬鹿げた校則みたいで、若干トホホな印象を受けるのは僕だけではないと思います。

　五葷に含まれる野菜の種類は、時代や地域により諸説あるようですが、ニラはほぼ常連。そしてこの中では珍しく、**薬味としてだけではなく野菜としてもモリモリ食べる食材**でもあります。筋金入りの五葷ですね。

　ニラ料理としてまず思い浮かぶのはニラレバ、そしてもつ鍋。必須とまではいえませんが、餃子でも重要な役割を果たします。なるほど、どれも精が付きそうです。ある居酒屋さんではニラのお浸しが人気だそうですが、そこには生の卵黄がのっかり、なにがなんでも精を付けさせたい不退転の意気込みが感じられます。

　そんなニラは、「おしゃれ」とか「上品」といった概念からは最も遠い野菜かもしれません。別においしい料理がおしゃれだったり上品であったりする必要もないのですが、少しだけニラがかわいそうな気もします。にんにくすらアヒージョやペペロンチーノでちょっとはおしゃれなイメージを獲得したのに、これは不公平なのではありますまいか。最近おしゃれ料理としても認知されてきている韓国料理ならニラチヂミがあるじゃないか、と思いましたが、僕が聞いた話では、最近の韓国の若者はニラチヂミがあまり好きじゃないそうです。

おしゃれ感はまだない

にんにくやしょうがはおしゃれなイメージを獲得したけれど、ニラは……。

箸休め　パクチーの代わりに万能ねぎがのってるインド料理屋は多い。昔のインド料理屋の写真なんか見ると、ニラがのってるのも多い。今でもごくたまに見る。ニラという発想がよく出てきたもんだなあ、と逆に感心する。

ニラ納豆の黄金焼き

混ぜて焼くだけ。あっという間のヤミツキおかず。おうち焼肉やお好み焼きの時に、サイドディッシュとしてホットプレートで焼くのもおすすめです。

材料（2人分）

卵 …… 2個
ニラ（細かく刻む） …… 50g
納豆 …… 1パック
薄口醤油 …… 6g
サラダ油 …… 適量

作り方

① ボウルに油以外の材料を入れて混ぜる。
② フライパンに油をひき、①をスプーン山盛り1杯くらいずつを入れ、中火で両面こんがり焼く。

もしもの話ですが、銀河帝国皇帝のパルパティーン卿が全宇宙に玉ねぎ禁止を発令したとしたら、地球は阿鼻叫喚です。それは特定地域だけの問題にとどまらないからです。ヨーロッパもアメリカもインドも日本もアフリカも、**玉ねぎなしの日々の食生活はもはや考えられません**。もしかしたら中国だけは「仕方ない、我々はなんとか長ねぎだけでやっていきましょう」と抜け駆けして帝国に恭順の意を示す可能性もなきにしもあらずですが、とりあえず国連はレジスタンス側に与することを決議し、デス・スター破壊のための援軍を差し向けることになるでしょう。

銀河から一気にスケールダウンして我が家の話になりますが、僕は記憶にある限り、玉ねぎを切らしたことは一日たりともありません。夜に全部使い切ることはありますが、翌日には確実に補充します。カレーでも煮物でもスープでも、玉ねぎは料理に自然な甘味を与えてくれます。実は玉ねぎの甘味はショ糖であり、つまり砂糖を加えれば甘味に関しては同じことのはずなんですが、そこはなぜか玉ねぎのほうがなんだかイイことをしているような気がします。玉ねぎマジックです。

頼もしき世界の常備野菜

玉ねぎ

【科・属】ヒガンバナ科・ネギ属　【原産地】中央アジア
【旬の時期】4〜5月　【メモ】玉ねぎは切らさない

逆にいうと、玉ねぎ以外の食材は切らすことも少なくないということでもあります。むしろ玉ねぎしかない、なんて事態も発生します。そんな時は具が玉ねぎだけのパスタや焼きそばなんかを作ったりもするのですが、案外なんとかなるものです。実は玉ねぎって甘味だけではなく旨味の食材でもあるので、むしろおいしかったりもする。サラダ的な副菜が欲しければ、とりあえず玉ねぎをスライスし、水にさらせばOK。ポン酢をかけて卵黄とかつおぶしをのせるのがおすすめです。

玉ねぎがこうも頼もしいのは、この野菜が、香味野菜として薬味的な役割も果たせば、食べる野菜としての食べごたえも十分に兼ね備えているからといえます。優秀です。しかも安くて常温で日持ちもする。ますます切らすわけにはいかなくなります。銀河帝国には絶対に屈しません。フォースとともにあらんことを。

玉ねぎ禁止令

銀河帝国皇帝のパルパティーン卿が玉ねぎ禁止を発令したら…。

箸休め　玉ねぎは生の状態では強い辛味やエグ味などのマズ味がある。それをそのまま薬味的に使ったり、水にさらして適度に抜いたり、100℃以上に加熱して飛ばしたりして利用する食材といえる。

クイックオニオングラタンスープ

時間と手間のかかるイメージのあるオニオングラタンスープですが、この方法なら簡単です。

材料（1人分）

A	バター	15g
	玉ねぎ（スライス）	150g
	塩	2g
	ベーコン	30g
水		150g
バゲット（スライス）		2枚
シュレッドチーズ		30g

作り方

① フライパンでAを中火でさっと炒め、玉ねぎがしんなりし始めたらふたをして弱火で15分蒸し煮にする。
② ①に水を加え中火にする。沸騰したらふたをして弱火で10分煮込む。
③ バゲットに無理なくのる分だけチーズをのせ、トースターなどでこんがり焼く。
④ 器に②を盛り、③のバゲットと残ったチーズをのせる。

切り方ひとつで味わいが大きく変化する

長ねぎ

【科・属】ヒガンバナ科・ネギ属　【原産地】中国西部、シベリア
【旬の時期】11～2月　【メモ】青い部分も使おう

　白ねぎがテーマのここでいうのもなんですが、僕はねぎに関しては圧倒的青ねぎ派です。決して白ねぎが嫌いなわけではないんですが、青ねぎはもっと好きなんです。薬味に限定すれば、万能ねぎともいわれる細ねぎはさらに好きです。

　しかし我が家においては、青ねぎではなく白ねぎが常備野菜です。これはなぜかというと、僕以外の家族全員が圧倒的白ねぎ派だから。なので時々は、「いやあ今日はいつものスーパーの白ねぎがモノが悪くって」とかテキトーなことをいいつつ青ねぎを買ってきたりもしますが、普段は基本的に白ねぎです。

　しかしそれはそれでいいこともあります。青ねぎ派が満足する白ねぎの使い方、という謎のスキルが向上するのです。例えば**ラーメンなどの薬味だと、普通に小口切りにするより、白髪ねぎ**のほうがおいしく感じます。白髪ねぎといっても、いたって雑なもので十分です。**鍋ものには、よくあるハス切りよりも、縦4分の1にカット**する方が好みであることに気付きました。ざる蕎麦の薬味は東京の老舗蕎麦屋さんの流儀に倣い、真っ白な部分だけをごく薄くスライスし、さらに水の中で徹底的に揉む「純白さらしねぎ」にします。正直どれも「青ねぎだったら適当に切るだけで話が早いのに」とも思うのですが、こういう制限プレイも料理の楽しさのうちです。

　白ねぎで最も納得がいかない点が、「青い部分が余る問題」です。これも「青ねぎだったらなにも考えずに全部使えばいいだけなのに」と密かに思いつつ、細かく刻んでチャーハンに使ったり、肉や魚の臭み消しに（本当は特に必要なくても）無理やり使ったりしています。そんな**「余る問題」を一気に解決しているのが119ページで紹介したねぎ油ソース**。麺だけでなくゆで鶏や蒸し魚などのソースとしても活用できます。

白ねぎ VS 青ねぎ

僕は圧倒的青ねぎ派。しかし、家の常備野菜は白ねぎ。

箸休め　すき焼きなどの時に、長ねぎを斜め切りではなく五分（1寸の半分で約1.5cm）の筒切りにするのを「ゴブ」といいます。長ねぎ好きにはこっちの方がとろりとしてたまらないといいます。

ねぎの種類の使い分け

ねぎの種類は大きく分けて3つ。
それぞれの使い方について紹介します。

青ねぎ

関西を中心に西日本で広く使われる、葉の部分を主に食べるねぎで、代表的なものが京都の九条ねぎです。根に少しある白い部分を含めて全体が柔らかく、刻んで薬味にするだけでなく、煮物や鍋物などに野菜としてたっぷり入れて使います。辛味やクセは穏やかで、たいへん扱いやすいねぎです。

白ねぎ

根元に土を寄せて栽培することで、白い部分が大半の状態で出荷されるねぎです。東日本を中心に、日本のねぎの主流といってよいでしょう。辛味が強いのが特徴ですが、煮るととろりと甘くなります。また薬味に用いる時は、刻んだ後、水にさらしてある程度辛味を抜くような使い方も一般的です。

小ねぎ（細ねぎ、万能ねぎ）

九州を中心によく使われるごく細い青ねぎで、代表的な博多万能ねぎをはじめほとんどの品種は九条ねぎ系です。あさつきと呼ばれることもありますが、本来のあさつきは厳密にはまた別種のねぎ類です。小ねぎは繊細な香りと食感が特徴で、基本的には薬味専用ですが、わけぎなどと同様さっと湯通しして使われることもあります。

ねぎ油まぜそば

ねぎの香ばしさをシンプルに生かすまぜそばです。ねぎ油ソースは作り置きもできるので、麺さえゆでればいつでも作れるほか、ゆで鶏のタレなどにも使えます。

材料（1人分）

A	白ねぎ（青い部分も含めてスライス）	60g
	サラダ油	30g
B	濃口醤油	10g
	オイスターソース	10g
	酢	10g
中華生麺		1人分

作り方

① フライパンにAを入れて中火にかけ、時々混ぜながら炒める。

② ねぎのかさが減って揚げ焼きのような状態になったら、弱火でさらに炒める。

③ ねぎがこんがりときつね色になったらボウルに移し、すぐにBを加える。これがねぎ油ソースとなる。

④ 鍋に湯を沸かし中華麺をゆでて、③と和える。

とにかく酸化を防ぐこと

にんにく

【科・属】ヒガンバナ科・ネギ属
【原産地】中央アジア
【旬の時期】5～7月
【メモ】空気に触れさせない

かつて日本では、ペペロンチーノなどのにんにくは、ゆっくり時間をかけてこんがりときつね色にローストするのが正解とされていました。

今ではそんな常識もやや過去のものになりつつありますが、さっとソテーするにしても生のまま使うにしても、**切ったにんにくはなるべく空気に触れさせないこと**が重要です。

刻んだり潰したりしたら、**すぐにオイルや調味料に沈める**ようにしてください。これがなにより大事です。

刻みにんにく醤油漬け

材料と作り方（作りやすい分量）

にんにく50gは粗く刻み、醤油50gに漬ける。薬味やタレ、お肉の下味付け、卵かけごはんなどに。

甘酢漬けだけではありません

らっきょう

【科・属】ヒガンバナ科・ネギ属
【原産地】中国
【旬の時期】6～8月
【メモ】カレーのおとも

らっきょうといえば甘酢漬けであり、らっきょうの甘酢漬けといえばカレーライス。もしこの世にカレーライスなかりせば、らっきょうの地位は今ほどのものではなかったのではないでしょうか。

ここで紹介する**「塩水漬け」は、甘酢漬けではない選択肢**、ということになります。これは沖縄での「島らっきょう」の食べ方がヒントになっています。刻んで薬味としても活用しやすいです。

らっきょう塩水漬け

材料と作り方（作りやすい分量）

らっきょう100gは洗って上下を切り落とす。水100gに塩4gを溶かし、らっきょうを漬け込み、1日以上置く（らっきょうを半割りにすると、より早く漬かる）。

箸休め　にんにくやしょうがをおろした後、時間が経てば経つほど独特の刺激臭が強まります。そのため、チューブにんにくなどの既製品は刺激臭がマックスです。しっかり炒めれば刺激臭はある程度飛ばせるので、刺激臭を風味と捉えるか雑味と捉えるかで、炒め方を変えるのもポイント。

おろしたてはあらゆる料理をおいしくしてくれる

しょうが

【科・属】ショウガ科・ショウガ属
【原産地】熱帯アジア
【旬の時期】6〜8月
【メモ】おろしたてが一番

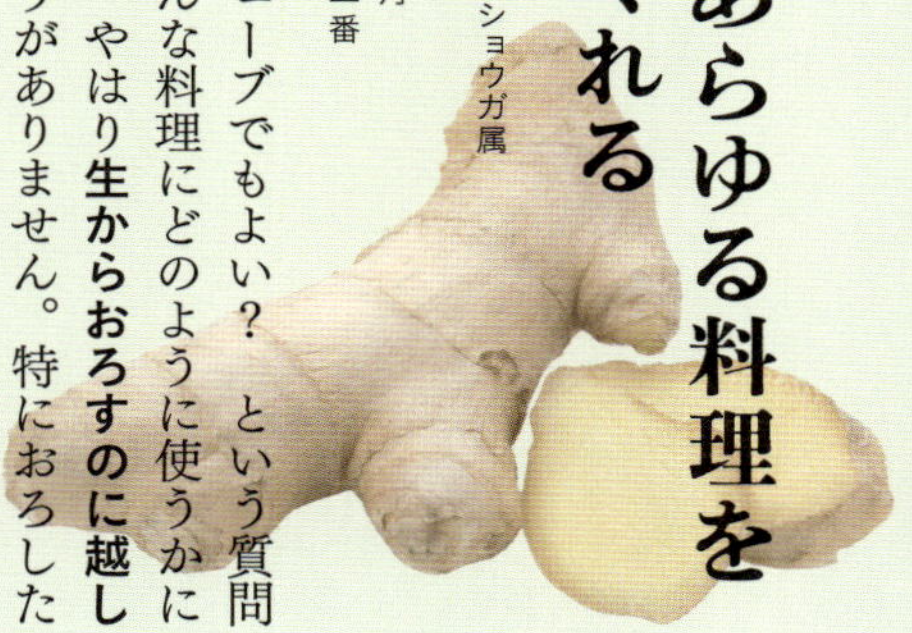

しょうがやにんにくはチューブでもよい？　という質問をよく受けます。これはどんな料理にどのように使うかにもよりますが、個人的には、やはり**生からおろすのに越したことはない**としか答えようがありません。特におろしたてのしょうがは、極論すれば**あらゆる食材をワンランク上の味にしてくれます**。ぜひちょっといいおろし金を奮発してください。

しょうがはおろしたてが1番

おろしたてならあらゆる食材をワンランクアップさせる力がある。

大人の味わいがヤミツキに

みょうが

【科・属】ショウガ科・ショウガ属
【原産地】アジア東部
【旬の時期】6〜10月、3〜5月
【メモ】熱を加えるとさらにヤミツキに

春菊（P108）のところでも書きましたが、みょうがはなぜか**大人になるとおいしさがわかる野菜の筆頭**です。しかもひとたびそうなると、みょうがが入るとなんでもおいしく感じられてしまうという呪いにもかかってしまいます。いや、呪いではなく幸せの魔法ですね。生ももちろんいいですが、**火が通るか通らないかくらいに熱が入ると、ヤミツキ度がさらに上がります。**

万能薬味ミックス

なるべく多くの野菜を組み合わせるのがおいしさのコツ。個人的にはみょうが多めが好みです。セロリやピーマンを入れても。

材料（作りやすい分量）

みょうが（スライス）	適量
大葉（せん切り）	適量
かいわれ大根	適量
玉ねぎ（スライス）	適量
しょうが（せん切り）	適量

作り方

すべての材料を水にさらして水けをきり、混ぜ合わせる。サラダとして楽しんだり、かつおのたたき、冷しゃぶ、揚げなす、厚揚げ、焼肉などにのせて食べても。

箸休め　みょうがのチート力はパクチー並み。効いてると無条件でおいしいと判定してしまいがちな罠に陥らないようにしたいところ。

味わい深いきのこ

インドの菜食主義者にとって、きのこは「食べちゃいけないわけでもないけどできれば避けたほうがいい」という微妙な位置付けの食材だそうです。その理由にはいくつかの説があるのですが、そのうちひとつは、きのこは植物ではあるが限りなく肉に近い存在だから、ということのようです。いわれてみれば確かにきのこのおいしさ、食べごたえには、どこか肉に通じるようなところがあります。

そんなきのこをおいしく食べるには、大きく2つの方向性があります。ひとつは、きのこから染み出す旨味たっぷりの水分を、ほかの食材にもまとわせつつしっとりと仕上げる方法。このページのレシピは概ねどれもその方向性です。

もうひとつは、フランス式とでもいいましょうか、焦げる寸前までしっかり水分を飛ばしな

しいたけ ブルーチーズ

一見不思議な組み合わせですが、驚きの相性です。食べる時にしょうが醤油を添えても、これまた不思議とよく合います。ワインも日本酒も進みすぎて困ります。

材料（作りやすい分量）

- しいたけ……適量
- ブルーチーズ……適量

作り方

しいたけの軸を取って、内側にブルーチーズを詰める。アルミホイルで包み、オーブントースターなどでしいたけに火が通るまで焼く。

えのきの オイスターなめたけ

えのきだけは旨味が濃いので、シンプルな調味料でもしっかりした味に仕上がります。火の通りも早いので、あっという間の常備菜です。

材料（作りやすい分量）

- えのきだけ（2cm長さに切る）……1パック（150g）
- 酒……30g
- 醤油……20g
- オイスターソース……20g
- 砂糖……10g

作り方

鍋にすべての材料を入れ、混ぜながら中火にかける。170〜180gになるまで煮詰める。

がらソテーして、旨味を凝縮させる方法。悲しくなるほどみるみるかさが減りますが、これはもう、まさにほぼ肉です。濃厚なソースのベースにもなります。

一般的なきのこバター焼きは短時間でジューシーに仕上げるものですが、時にはこのフランス式を応用して、じっくりしっかり限界まで水分を飛ばしてみてください。普通のバター焼きには戻れなくなるかもしれません。

きのこのラグーソース オレキエッテ

きのこの旨味だけで、パスタが勝手においしくなります。パスタはペンネやスパゲッティに替えても。どんなきのこでも作れますが、できれば3種類以上ミックスすると味に深みが出ます。

材料（1人分）

A	バター	20g
	にんにく（みじん切り）	5g
	お好みのきのこ各種（粗く刻む）	200g
	塩	2g
オレキエッテ		80g
粉チーズ		20g

作り方

① フライパンにAを入れ、ふたをして弱火で蒸し煮にする。
② オレキエッテを1%の塩水（分量外）でゆでる。
③ ①のフライパンに②と粉チーズを加えて和える。

三つ葉

ほうれん草

にんじん

オクラ

たけのこ

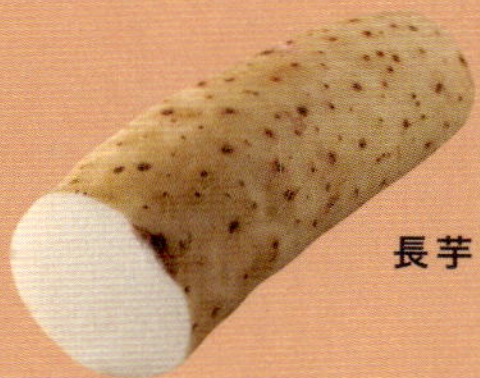

長芋

PART 5

れんこん

空芯菜

とうもろこし

その他の野菜

さまざまな「植物」から「野菜」へ

豆苗

アスパラガス

さつまいも

もやし

アボカド

セロリ

モロヘイヤ

里芋

薬味界の巨頭といえば、もうひとつ忘れてはならないのが、セリ科です。パセリ、パクチー、セロリ、三つ葉など、こちらはハーブといい換えてもいいでしょう。ハーブとしては、シソ、バジル、ローズマリー、オレガノなどの錚々たる面子を擁したシソ科も重要です。**世界中の主要なハーブの多くが、この2つの科**に属しています。

こうやって並べてみると、セリ科とシソ科、それぞれのグループで、なんとなくどこかしら似た傾向があるのがイメージできるのではないかと思います。なので、たとえばパクチーが苦手な方は、それをセロリの葉に置き換えてもいいのです。意外かもしれませんが、三つ葉に替えるのも案外しっくり来ます。パセリの置き換えであれば、にんじんの葉がおすすめです。大葉とバジルの入れ替えは、世の中にすでに結構浸透していますね。

もちろんハーブというものはそれぞれが強烈な個性の持ち主たちですから、決して同じような味になるというわけではないのですが、**入れ替えてもそれはそれでおいしくなることが多い**のは確かです。

ここまで比較的メジャーな科を中心にご紹介してきましたが、あまり多くの野菜が属しているわけではないものもまだまだたくさんあります。個人的にグッとくるのは、ヒユ科のほうれん草。アブラナ科とキク科が多くを占める葉物野菜の中で、孤軍奮闘、いやむしろそのトップに君臨しているといってもいい、世界中で人気の野菜です。

さまざまな植物の中から選抜されてきたものが野菜であり、そこでは当然、品種改良や栽培方法の進歩が極めて重要な意味を持っています。野菜はもちろん自然の恵みですが、同時に、**人類が積み重ねてきた叡智の結晶**でもあるのです。

どうやったっておいしいが 究極はワカモレ

アボカド

【科・属】クスノキ科・ワニナシ属
【原産地】中南米
【旬の時期】通年
【メモ】硬いものは加熱する

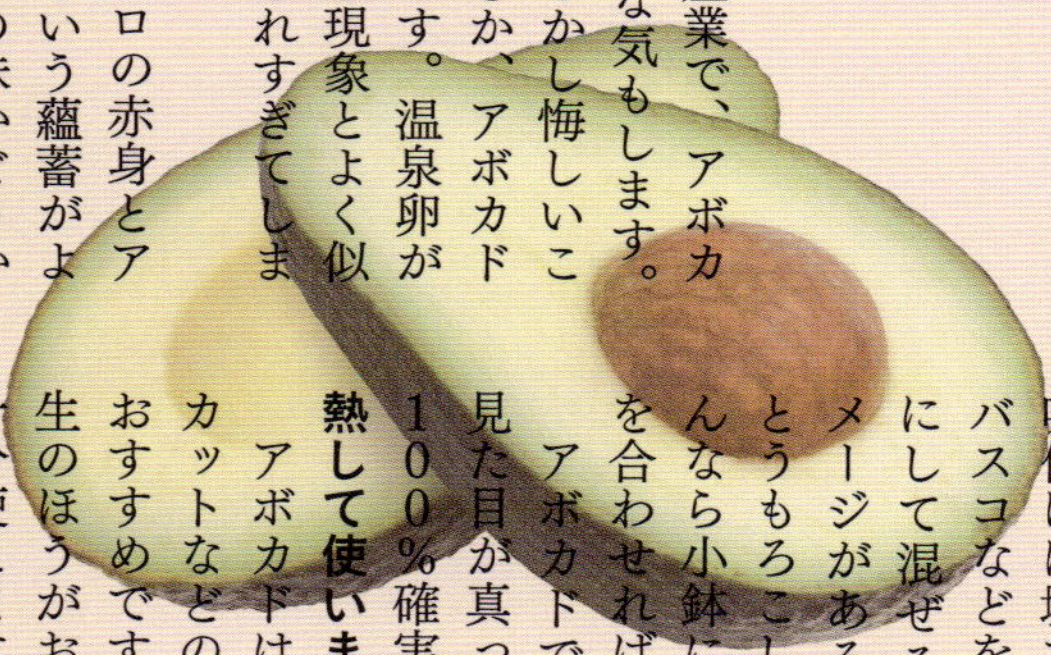

先に少し厳しいことをいえば、特に外食産業で、アボカドはちょっと安易に使われすぎているような気もします。ハンバーガー、サラダ、パスタなどなど。しかし悔しいことにというべきか、嬉しいことにというべきか、アボカドはなにに使われていても大体おいしいものです。温泉卵がやたらといろいろな料理にトッピングされる現象とよく似ています。優秀すぎるがゆえ、無駄に抜擢されすぎてしまうんですね。

アボカドが日本で広まり始めた頃、「マグロの赤身とアボカドを一緒に食べるとトロの味になる」という蘊蓄がよく語られていた記憶があります。実際にトロの味かどうかはともかくとして、これは**たいへんおいしい食べ合わせ**です。ここでご紹介した「アボカドわさび」を、マグロに限らず各種お刺身と合わせるのもおすすめです。

僕がアボカド料理で最も好きなもののひとつが「ワカモレ」です。**分量などはあまり気にせずテキトーに作ったほうがおいしい**のであえてレシピとしてはご紹介しませんでしたが、簡単に作れます。玉ねぎ、にんにく、パクチーなどの香味野菜を刻んで、アボカドを潰しながら混ぜるだけ。味付けは塩だけでもいいし、オリーブオイルやレモン、タバスコなどを足してもいいです。この時、トマトを角切りにして混ぜるのもおすすめです。ワカモレはタコスのイメージがあるかもしれませんが、パンにのせてもいいし、とうもろこし系のスナック菓子にももちろん合います。なんなら小鉢に盛って普段の一品にもなるし、えびやチキンを合わせれば立派なメイン料理です。

アボカドで悲しいのは、切ってみたら硬かった時です。見た目が真っ黒に近いものを選べば大体は回避できますが、100%確実ともいえません。そんな時は**しっかりめに加熱して使います**。その中でも天ぷらは特におすすめです。

アボカドは実は、ダイスカットなどの冷凍品も案外おすすめです。比較すると生のほうがおいしいですが、十分使えます。

外食産業で安易に使われすぎ

どう使っても大体おいしいのがアボカドのよいところ。

箸休め　子どもの頃、本で「南洋にはパンの木とバターの木がある」と読んで心躍らせた。後に出会ったバターの木の実はアボカドで、まったくバターではなかったし、パンの木はもっとパンじゃなかった。どっちもおいしいですけどね。

アボカドの天ぷら おかかレモン醤油

アボカドの天ぷらなら、熟し切っていない硬いアボカドもおいしく食べられます。

材料（作りやすい分量）

アボカド（食べやすい大きさに切る）……適量
天ぷら粉（市販）……適量
揚げ油……適量
かつおぶし……適量
レモン汁、濃口醤油……適量

作り方

アボカドは天ぷら粉で作った衣にくぐらせて180℃の揚げ油で揚げる。器に盛り、かつおぶしをかけ、レモン汁と濃口醤油を1：1で合わせたタレを添える。

アボカドわさび

居酒屋の定番「アボカドわさび」を、わさび漬けを使って作ります。ますますお酒が進む一品に。

材料（作りやすい分量）

アボカド……1/2個
青ねぎ（小口切り）……適量
A［わさび漬け、薄口醤油（1：1で合わせる）……適量

作り方

① アボカドはタネを取り、格子状に切れ目を入れる。
② アボカドのタネがあった部分のくぼみに、青ねぎ、Aの順に入れる。

さっとゆでるだけでおいしい、愛され野菜

アスパラガス

【科・属】クサスギカズラ科・クサスギカズラ属　【原産地】南ヨーロッパからロシア南部
【旬の時期】5〜6月　【メモ】ゆでればなんとかなる

　僕は居酒屋が好きなんですが、大半の居酒屋では火を通した野菜料理のバリエーションが少なすぎる、というのがわずかな不満でもあります。そんな中グリーンアスパラは、バター焼きやアスパラベーコンなど、数少ない居酒屋定番温野菜のひとつ。おじさんも大好きな野菜、それがアスパラガスです。おじさんとセットにしてしまうと、なぜかアスパラに対するネガキャンのようにも見えてしまうのが（おじさんにとっては）悲しいところでもありますが、それだけみんなに愛されてるってことです。

　アスパラガスで難しいのは、下処理をどこまでするかの判断です。高級な極太のアスパラガスならむしろ簡単。下を少しだけ切り落として、全体の3分の2くらいまでの皮をピーラーで薄くむけばいいだけだからです。問題は普段使いのあまり太くないアスパラガスです。付け根の皮が硬いのは確かだけど、それをどこまでむくか。むかずに切り落とす方法もあります。根元をポキッと折ると皮が硬いところだけが折れる、なんていう技もあります。しかしそれもなんかもったいない。かといって、むいたらすっかり細くなり、それはそれで悲しい。あとガクも取ったほうがいいのはわかってるけど、案外面倒だし、それに取らなくったって別にいいような気もしてくる。悩みは尽きません。

　なので、そんなことで悩むくらいなら、**なにもせずにそのままゆでてしまうのが一番**なのかもしれません。ゆでたら水にさらさず温かいまま、そのまま塩でもマヨネーズでも付けて食べてしまうんです。硬いところまで到達したらそこで食べるのを諦めてもいいし、歯でこそげるようにスジだけ残してもいい。そしてなんならそれが一番おいしいアスパラの食べ方だったりもします。レシピ本でこういうことをいうのもなんですが、**なにもしないほうがおいしい野菜というものはたくさんあって、アスパラガスはその最たるもののひと**つでしょう。

下処理問題

どこまで皮をむけばいいやら……。

箸休め　近年においてサバ缶が再評価されたように、ホワイトアスパラ缶が再評価されたりはしないだろうか。抜群にうまい缶詰だと思うんですけど。

アスパラの サルティンボッカ風

定番の「アスパラ肉巻き」も、ちょっとの工夫でぐっと楽しい料理に。

材料（2人分）

豚ばら肉（スライス）……100g
塩、こしょう……各適量
生ハム……20g
セージ（あれば）……10枚
アスパラガス（さっとゆでる）…3本

作り方

① 豚肉を少しずらして並べ、軽く塩、こしょうを振る。
② ①に生ハム、セージ、アスパラの順に置いて巻く。
③ フライパンに②の巻き終わりを下にして置き、中火ですべての面を焼く。
④ 食べやすく切って皿に盛り、お好みでパルミジャーノ・レッジャーノ、粗挽き黒こしょう、オリーブ油をかける。

アスパラガスの ごま浸し

アスパラガスは和風の小鉢にも使えます。浸し地に浸してごまを和えるだけだから簡単。

材料（2人分）

アスパラガス（硬めにゆでて斜めにスライス）……100g
浸し地（P10）……60g
すり白ごま……適量

作り方

① アスパラガスを浸し地にしばらく浸す。
② ①にごまをかける。

里芋が抱える最大の問題、それは「皮むき」です。泥のついた皮を洗うだけでも厄介ですし、じゃがいもなどとは違ってピーラーでむくことは難しく、形状的に包丁の刃も当てにくい。料理屋さんでは、頭と根元を大胆に切り落とし、実が六角形になるよう皮を分厚くむきます。これを六方むきといいます。いかにも料理屋さんらしい、綺麗に揃った見た目になるだけではなく、実はこのむき方が一番楽なんです。時には家庭で取り入れるのもいいものですが、無駄になる部分も多く、いつもそれというのも気が引けます。

そんな時に試していただきたいのは、**さっとゆでる方法**。頭と根元を少しだけ落とし、上から下に一直線に浅く包丁目を入れます。お湯をたっぷり沸かしてそれを2～3分ゆでたらザルに上げ、なるべく熱いうちに手でツルンとむいて水にさらします。要するに、「トマトの湯むき」のちょっと時間が長い版です。表面だけに少し火が通ってはいるけれど基本的には生の状態ですから、そのまま各種料理に使えます。もちろん、そのまま完全に火が通るまでゆでてもかまいませんが、その場合は最初に水からゆでるほうがベターです。

大当たりの里芋は キメ細やかな味わい

里芋　【科・属】サトイモ科・サトイモ属　【原産地】マレー半島
【旬の時期】9～11月　【メモ】キメが細かいものは大当たり

里芋のもうひとつの問題点は、**案外当たり外れがある**ということです。ただしこれは、もう少し正確にいうと、まずい里芋なんてほぼ存在しませんから、「普通の里芋と大当たりの里芋がある」と考えたほうがよいと思います。大当たりは、とにかくキメが細かくなめらかで、ホクホク感もねっとり感も強く、香りも味も濃いものです。キメの細かさは最重要で、これを確実に入手するには、ちょっと高価ですが里芋の仲間の「えび芋」や、少しそれに近い「京芋」を買うという手もあります。

でも普通の里芋を買ってそれらに負けない「大当たり」を引いた時の喜びには、格別なものがあるのもまた確かです。そんな大当たりに当たった時は、ゆでたものを塩だけで食べるのもたまりません。

里芋問題 普通か大当たりか

大当たりの里芋はキメ細かく、香りも味も濃い。

箸休め　鹿児島の雑煮には、餅が入らずに里芋（八つ頭）が入るものがあって、それは南方のタロ芋文化圏からやってきたご先祖様の食文化を今に伝えるものなのだとか。ロマンですね。

里芋のガレット

里芋はそれ自体に粘りがあるので、こういったゆでて潰すような料理にとても向いています。塩の代わりに味噌（10g）で味を付けたり、刻み葱やベーコンを混ぜたり、何かと応用の効くレシピでもあります。

材料（2人分）

里芋（皮ごとゆでて皮をむいたもの）……100g
かたくり粉……10g
シュレッドチーズ……20g
塩……1g

作り方

① 里芋は熱いうちに潰す。
② ①にかたくり粉、チーズ、塩を加え、円盤状に成形する。
③ フライパンに多めのサラダ油（分量外）をひき、中火で②を両面こんがり焼く。

鹿児島出身の僕にとって、さつまいもはとても身近な食材でした。一番ポピュラーな食べ方は、丸ごと蒸しただけの「ふかし芋」です。奄美大島出身の友だちの家のおやつは、そのふかし芋を真ん中から2つに割って、そこに細いメザシをブスッと刺したものでした。かなり素っ頓狂な食べ方にも思えるかもしれませんが、さつまいものほのかな甘さとホクホク感がメザシのしょっぱさや苦さを包み込んで、見た目はともかく実はとてもおいしい食べ方です。

「がね（鹿児島弁で蟹）」と呼ばれるかき揚げのようなものもありました。衣には砂糖が入り、サクサクというよりはポッテリと揚げられていた記憶があります。なのでこれは、おかずとしてだけでなく、おやつ的にも食べられていました。

左ページで紹介した「天ぷら」は、また別の友だちの家で出される、おばあちゃんお手製の定番おやつでした。衣がついていないのに天ぷら？　と思われるかもしれませんが、西日本では特に、魚のすり身などを衣なしで揚げたものを「天ぷら」と呼ぶ地域も少なくなく、この天ぷらもそんな文化の延長だったのかもしれません。

昔ながらの素朴な品種とねっとり甘い最近の品種

さつまいも

【科・属】ヒルガオ科・サツマイモ属　【原産地】中央アメリカ
【旬の時期】9〜11月　【メモ】料理に焼き芋を使うとお手軽

この天ぷらもそうですが、**ゆっくりと火を通していくと、さつまいもは糖化が進んで甘くなります。**僕もかつては、オーブン100℃で何分、そこから徐々に200℃に上げていく……みたいなやり方をいろいろ研究したものですが、今となっては、そんな必要はほぼなくなりました。安納芋やシルクスイートなど、普通に焼くだけ蒸すだけで十分すぎるほどねっとり甘い品種がいくらでもあるからです。

こういった芋は、最近焼き芋としてもよく売られています。なぜかドン・キホーテにもあります。焼き芋はそのまま食べるだけでなく**「下ごしらえ済みの食材」として、料理に使うのもおすすめです。**

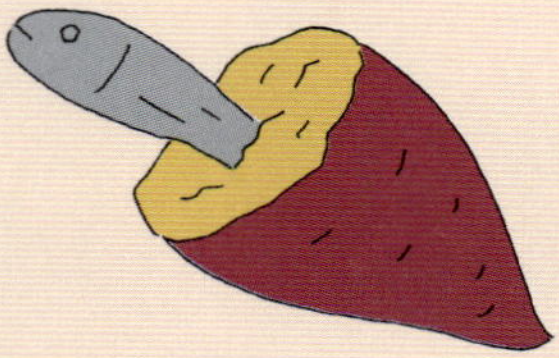

本場のふかし芋の食べ方

ふかし芋にメザシを刺す。芋の甘さとメザシのしょっぱさ・苦さの対比がお見事。

箸休め　つけあげを「さつま揚げ」、からいもを「さつまいも」といわれても別に怒りもしない鹿児島の人のおおらかさ。

さつまいものさつま天ぷら

さつまいもの本場·鹿児島では、衣も付けないこの料理もなぜか「天ぷら」と呼んでいました。シンプルにじっくり焼いて、砂糖醤油で食べる素朴な味わいです。

材料（作りやすい分量）

サラダ油……適量
さつまいも（1cm程度の輪切り）……適量
A 濃口醤油……18g
A 砂糖……9g

作り方

① フライパンに多めの油をひき、さつまいもを弱火でじっくり両面焼く。
② 皿に盛って、合わせたAをかける。

焼き芋の酢豚

最近はどこでも焼き芋を売っています。そのまま食べるだけではなく、便利食材としていろいろな料理にも活用したいところです。

材料（2人分）

A 濃口醤油……15g
A 酢……30g
A 砂糖……15g
A かたくり粉……6g
A 水……60g
B 豚肉（切り落とし）……150g
B 濃口醤油……10g
かたくり粉……適量
焼き芋（ひと口大の乱切り）……1本
揚げ油……適量

作り方

① 鍋にAを入れて混ぜ合わせて中火にかける。混ぜながら沸騰してとろみが付くまで加熱する。
② ボウルにBを入れて揉み込み、ひと口大に丸める。かたくり粉をまぶして180℃の油で揚げる。
③ 焼き芋を180℃の油で5分程度揚げる。
④ 器に②と③を盛り、①をかける。

最も身近なハーブとしてのセロリ

セロリ

【科・属】セリ科・オランダミツバ属
【原産地】ヨーロッパ、西南アジア、インド
【旬の時期】11～5月
【メモ】甘味はほぼない

ハーブは日本では高価なものです。スーパーでは「こんだけ？」みたいな小さなパックでまあまあな値段です。そんな中、セロリは「最も安くてふだんに使えるハーブ」とも解釈できます。ハーブとして特に有能なのは葉の部分。ハーブだったら何袋分にもなる大量の葉が、いっぺんに手に入ります。しかもそこには、サラダなどで楽しめる太い茎の部分がオマケとして無料で付いてきます。どっちが本体でどっちがオマケなのかは考え方次第ではありますが、いずれにせよ「おトク」な野菜です。

僕はいつもセロリを買うと、**葉の部分はハーブとしてとりあえず冷凍し、茎の部分をなるべくフレッシュなうちに使い切ります。**茎はみじん切りにして冷凍するのもアリです。玉ねぎ、にんじんとともに、さまざまな洋食系の料理のベースとして使えます。その場合はもちろん、茎と葉をミックスして使ってもいいのです。葉の割合が多いほど、香味野菜としての香りは強くなります。

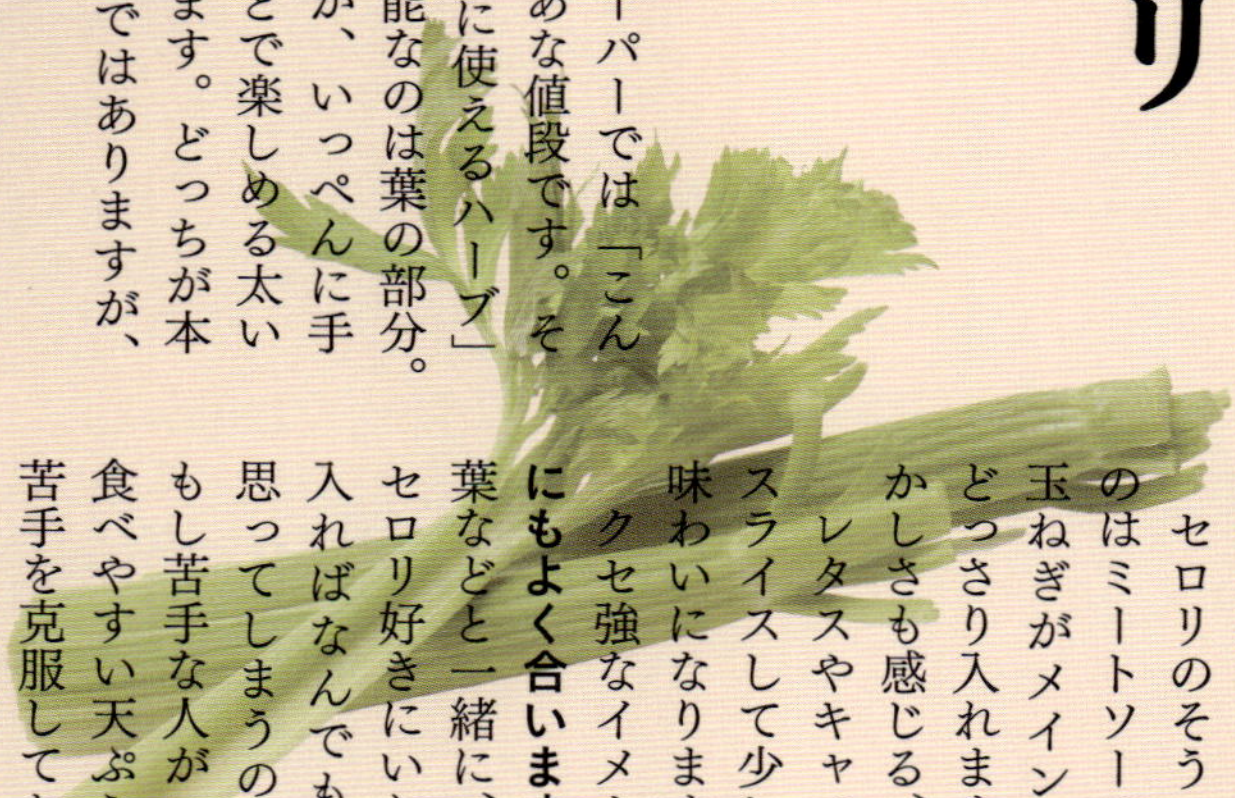

セロリのそういう使い方で、なんといってもおすすめなのはミートソースです。ミートソースの香味野菜は普通は玉ねぎがメインですが、そこにセロリも負けないくらいどっさり入れます。プロっぽくもあり、同時に昭和的な懐かしさも感じる、とても印象深い味わいです。

レタスやキャベツがメインのサラダでも、セロリを薄くスライスして少し混ぜると、それだけでぐっとおしゃれな味わいになります。

クセ強なイメージもあるセロリですが、**実は意外と和食にもよく合います。**天ぷらや塩もみのほか、しょうがや大葉などと一緒に、薬味として使うのもいいものです。正直セロリ好きにいわせてみれば、和洋中関係なく「セロリが入ればなんでもうまい」と思ってしまうのも確かです。もし苦手な人がいたら、最も食べやすい天ぷらあたりから苦手を克服しておくと、生涯の幸福度がきっと向上するでしょう。

和食とも好相性

クセ強ながらも和食にぴったり。天ぷら、塩もみ、薬味でどうぞ。

箸休め　セロリは食材としてのカロリーより消化に必要なカロリーのほうが高いので、食べれば食べるほど痩せる、という説があります。その真偽はともかく、玉ねぎやにんじんと違って甘味がほぼないことは調理の際に意識したほうがよいでしょう。

セロリと豚肉の黒こしょう炒め

なんとも食欲をそそるセロリの香りを引き立てるために、味付けはごくごくシンプルに。

材料（2人分）

- サラダ油 …… 10g
- 豚ばら肉（スライス。食べやすい大きさに切る） …… 100g
- セロリ（茎は斜めスライス、葉はざく切り） …… 100g
- 濃口醤油 …… 15g
- 黒こしょう …… 1g

作り方

① フライパンに油をひき、豚肉が少しカリッとなるまで中火で炒める。

② セロリを加えてさっと炒め、少ししんなりしたら、醤油と黒こしょうを加えて炒め合わせる。

セロリの酢醤油漬け

箸休めとして重宝する、さっぱりとした一夜漬け。カレーライスの薬味にもぴったりです。

材料（作りやすい分量）

- セロリ（5㎜小口切り） …… 100g
- 濃口醤油 …… 30g
- 酢 …… 30g

作り方

ポリ袋にすべての材料を入れ、1時間以上漬け込む。

にんじんは玉ねぎやトマトなどと同様、世界中でなくてはならない野菜であり、もちろん日本でもそれは例外ではありません。ですがその割に、**にんじんが主役の和食ってほとんどないのは不思議**だと思いませんか？

和食において、にんじんはいたるところで活躍しています。肉じゃがは半ば洋食のようなものでもあるのでともかくとしても、豚汁にもけんちん汁にも、そのほかさまざまな地方の郷土料理的な「ごった煮汁」にも、必ずといっていいくらい入ります。なのに「にんじんの味噌汁」はありません。なぜだ？

にんじんはおせちでも大活躍です。お煮しめに入り、紅白なますに入り、八幡巻きにも入ります。なのに、主役となる料理はありません。れんこんやごぼうは酢ばすやたたきごぼうなどのソロパートがあるのに、にんじんにだけそれがないのは、あまりにもにんじんが不憫なのではないでしょうか。

そんな中、**伝統的な和食の中で僕が知る唯一といっていいにんじんが主役の料理が「いかにんじん」**です。ご存じでしょうか。これは福島の郷土料理で、にんじんのせん切りとスルメの細切りをタレに漬け込んで作る料理

野菜界の名脇役は主役にもなれるのか？

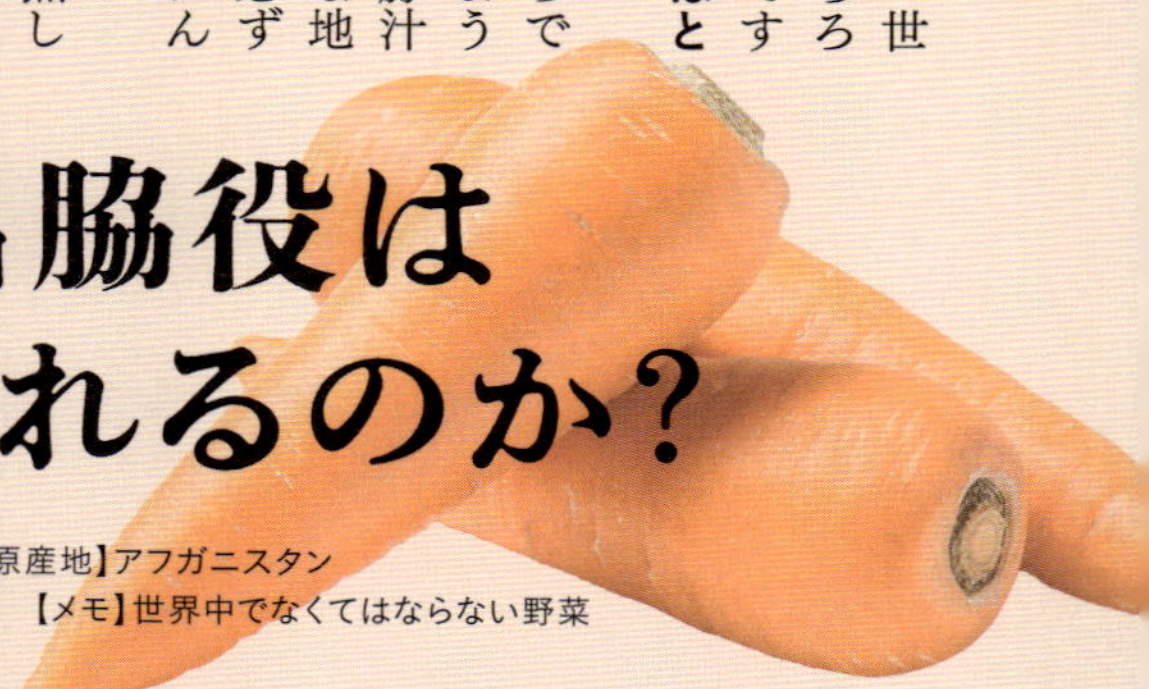

にんじん

【科・属】セリ科・ニンジン属　【原産地】アフガニスタン

【旬の時期】4〜7月、11〜12月　【メモ】世界中でなくてはならない野菜

で、当地ではおせちの定番でもあるとか。のちに昆布が加えられるようにもなり、松前漬の原形ともなったという説もあります。松前漬になった瞬間、主役の座をあっさり奪われたのが、また少し切ないですが。

今回このいかにんじんのレシピもご紹介したかったのですが、福島にはあまり縁のない僕は満足のいくレシピを完成させることができず、にんじん氏には平謝りしながらそれを断念しました。しかし、我々には「にんじんしりしり」もあります。にんじんしりしりはいかにんじんより幾分現代的な趣もあり、沖縄のみならず**全国の家庭で定番となるポテンシャルがある**はずです。ツナなし、味付けは塩だけ、という超シンプルバージョンもなかなかよいもので、同様のにんじん料理は台湾にもあります。

にんじんが主役の和食がない不思議

おせちでもにんじんが主役の料理はなく、ちょっとにんじんが不憫。

箸休め　にんじんという野菜は独特の存在。江戸時代にはすでに食べられていたのにいつまでも「洋野菜」のイメージが抜けない。結局にんじんは、あの色味だけで一点突破して今の地位を築いたとしか思えない。

にんじんバターピラフ クイックケバブ添え

にんじんだけのシンプルなピラフはトルコ料理の定番なのですが、洋食メニューの付け合わせや、カレー、シチューなどにもぴったりです。

材料（作りやすい分量）

［にんじんバターピラフ］

- 米 …… 300g
- 水 …… 通常の水加減より100g減らす
- にんじん（みじん切り） …… 100g
- 塩 …… 3g
- バター …… 15g

［クイックケバブ］

- 牛ステーキ肉 …… 200g
- A
  - 塩 …… 2g
  - にんにく（すりおろし） …… 2g
  - 黒こしょう …… 少々（0.5g）
  - クミンパウダー（あれば） …… 少々（0.5g）
- サラダ油 …… 適量

［ヨーグルトソース］

- プレーンヨーグルト …… 40g
- トマトケチャップ …… 20g
- 塩 …… 少々（0.5g）

作り方

① 炊飯器の内釜ににんじんバターピラフのすべての材料を入れ、通常モードで炊く。
② 牛肉にAをすり込む。フライパンに油をひき、中〜弱火でしっかりめに焼いて、薄い削ぎ切りにする。
③ 皿に、①、②、ヨーグルトソースの材料を合わせて盛り、お好みでレタスとトマトを添える。

にんじんしりしり

もし、せん切りスライサーがあればそちらを使ってください。
包丁で切るより味馴染みよく作れます。

材料（2人分）

にんじん（せん切り）	150g
ツナ缶（オイル煮・有塩）	1缶（70g）
薄口醤油	10g
みりん	10g
溶き卵	1個分

作り方

① フライパンににんじんとツナ缶を汁ごと入れて混ぜ、ふたをして中火で蒸し煮にする。
② にんじんに硬めに火が通ったら、薄口醤油とみりんを加えて炒める。
③ 溶き卵を流し入れ、卵が固まるまで炒め合わせる。

甘くないにんじんグラッセ

世の中には、にんじんグラッセが苦手という人が多いものですが、そういう方にこそお試しいただきたい一品です。肉料理などの付け合わせだけでなく、ホットサラダ感覚でモリモリ召し上がってください。仕上げにレモンを搾るのもおすすめです。

材料（2人分）

- にんじん（皮付きのまま輪切り）……200g
- バター……20g
- 塩……2g
- 水……100g

作り方

① 小鍋にすべての材料を入れ、ふたをして弱火にかける。
② にんじんに火が通ったらふたを取り、中火にして鍋をゆすりながら水分を飛ばしてツヤを出す。

にんじんの丸焼き

にんじんそのものを最もストレートに楽しめる調理法です。

材料（作りやすい分量）

- にんじん……1本

作り方

① にんじん丸ごとをアルミホイルで二重に包み、200℃のオーブンで30分焼く。
② 皿に盛り、お好みで塩、オリーブ油、レモンを添える。

高級感たっぷり 日本のハーブの最高峰

三つ葉

【科・属】セリ科・ミツバ属　【原産地】日本、東アジア
【旬の時期】12～4月　【メモ】ザ・ジャパニーズハーブ

三つ葉の香りは、ズバリ、高級な香りです。そこが自宅であっても居酒屋であっても、三つ葉の香りが漂った瞬間、そこは料亭か割烹です。こんなにお手軽に高級感が味わえる野菜もそうないのではないかと思うのですが、世の中には、スーパーで売っている三つ葉になかなか手を伸ばせない人も多いのではないでしょうか。

手を伸ばせない理由は、売られている量の中途半端さなのではないかと思っています。割烹のように、お吸い物などにひとつまみ浮かべる、みたいな使い方だと、とても使い切れる気がしません。本当は三つ葉はほうれん草や小松菜のように、お浸しや鍋物などにどっさり使ってもいいのですが、そのことを知っている人にとっては逆に量が少なすぎてずいぶん割高に感じられてしまいます。

でも、三つ葉は案外日持ちもしますし、冷蔵庫に入っているとなにかと重宝します。**先端の葉っぱの部分は早めに使ったほうがいいのは確かですが、軸のほうは長く使えます。**量が中途半端でも、ほうれん草や水菜などのお浸しに少し混ぜたり、お吸い物だけでなく味噌汁にも使ったり、そんな使い方でもいいのです。特に赤だしのお味噌汁に三つ葉だけをたっぷり入れるのは、僕の好きな食べ方です。

意外かもしれませんが、**サラダに混ぜるのもとてもおいしい**ものです。そのほか、チキンステーキにどっさりのせてもよく合います。三つ葉はジャパニーズハーブの最高峰なのかもしれません。

三つ葉のお浸し

材料と作り方（2人分）

三つ葉100gをさっとゆでて食べやすい長さに切る。きほんのだし（P24）50g、薄口醤油10gを混ぜ合わせ、三つ葉を浸す。

箸休め　あるフランス人女性がブログに記した日本の思い出。「この旅行で私は人生最高のハーブに出会った。その名は"ミツバ"」。

「主役級のご馳走」のおいしさを持つ野菜

オクラ

【科・属】アオイ科・トロロアオイ属　【原産地】東北アフリカ
【旬の時期】7〜9月　【メモ】案外食感が大事

オクラの下処理は少し悩みますね。ヘタの部分は少し角張った部分からストンとまっすぐに落とすか、茎だけ落としてエンピツみたいな形状にぐるりとむくか。僕はケチなので、少しでも食べるところが多くなるようについついエンピツむきをしてしまうのですが、**冷静に考えたら実はあんまり差がありません。**なのでみなさんはあまり気にしすぎないでください。

オクラは少し塩をまぶして「板ずり」するのが常識とされることがあります。これはオクラの表面のうぶ毛がチクチクするというのが最大の理由ですが、**今普通に売ってるオクラでは、あまり気にすることはありません。**多少チクッとしそうでも、料理に使えばすぐ柔らかくなるからです。よほど新鮮かつ大きめに育ったものの時は念のためにする、というくらいでいいかと思います。

なにせオクラは生でもオーケーな使い勝手のよい野菜です。油との相性もよく、揚げ物や炒め物にすると主役級のご馳走野菜にもなります。僕は産地で育ったこともあり「牛肉オクラ炒め」は思い出のご馳走でもあります。

オクラ豚ばら巻き

材料と作り方（2人分）

オクラ8本は、豚ばら肉（スライス）8枚でそれぞれ巻く。フライパンに巻き終わりを下にして置き、塩少々をふって中火で全面焼く。ポン酢、おろししょうがが各適量を添える。

刻みオクラ

材料と作り方（2人分）

オクラ80gは薄くスライスし、濃口醤油6gと和える。かつおぶし適量をのせる。

箸休め　近年の冷凍野菜は優秀で、グリーンピースやかぼちゃ、ブロッコリーなんかはかなり使える。オクラも味や風味はなかなかなので食感を気にしない料理には使えるけど、残念ながら食感がどうでもいいオクラ料理はあんまりない。

ほうれん草は、日本における葉物野菜の代表格、といってもいいと思います。特に「お浸し」の世界では、間違いなく絶対王者。数の論理だけでいえば、葉物野菜の世界の圧倒的多数派はアブラナ科野菜で、小松菜を筆頭に綺羅星の如きメンツが揃っています。しかしそれらを抑えて常にトップに君臨するのがほうれん草、その孤高のヒーローっぷりには胸を打たれます。

確かにほうれん草はおいしいですよね。**甘味、旨味、そしてなめらかな舌触り**。アブラナ科勢のような辛味こそありませんが、ほのかなエグみが味の奥行きを演出しています。最近よく出回るようになった「ちぢみほうれん草」は特に味が濃く、見つけたらぜひ買ってみてください。

ただしほうれん草にはひとつだけ欠点があります。それは下ゆでが必要なこと。ほうれん草にはシュウ酸が含まれており、これをある程度取り除かないと、結石などの原因となるだけでなく、味にも悪影響があります。

最近のほうれん草はシュウ酸などのアクが少ないから下ゆでは必要ない、という説もあります。健康面に関しては体質や食べる量も

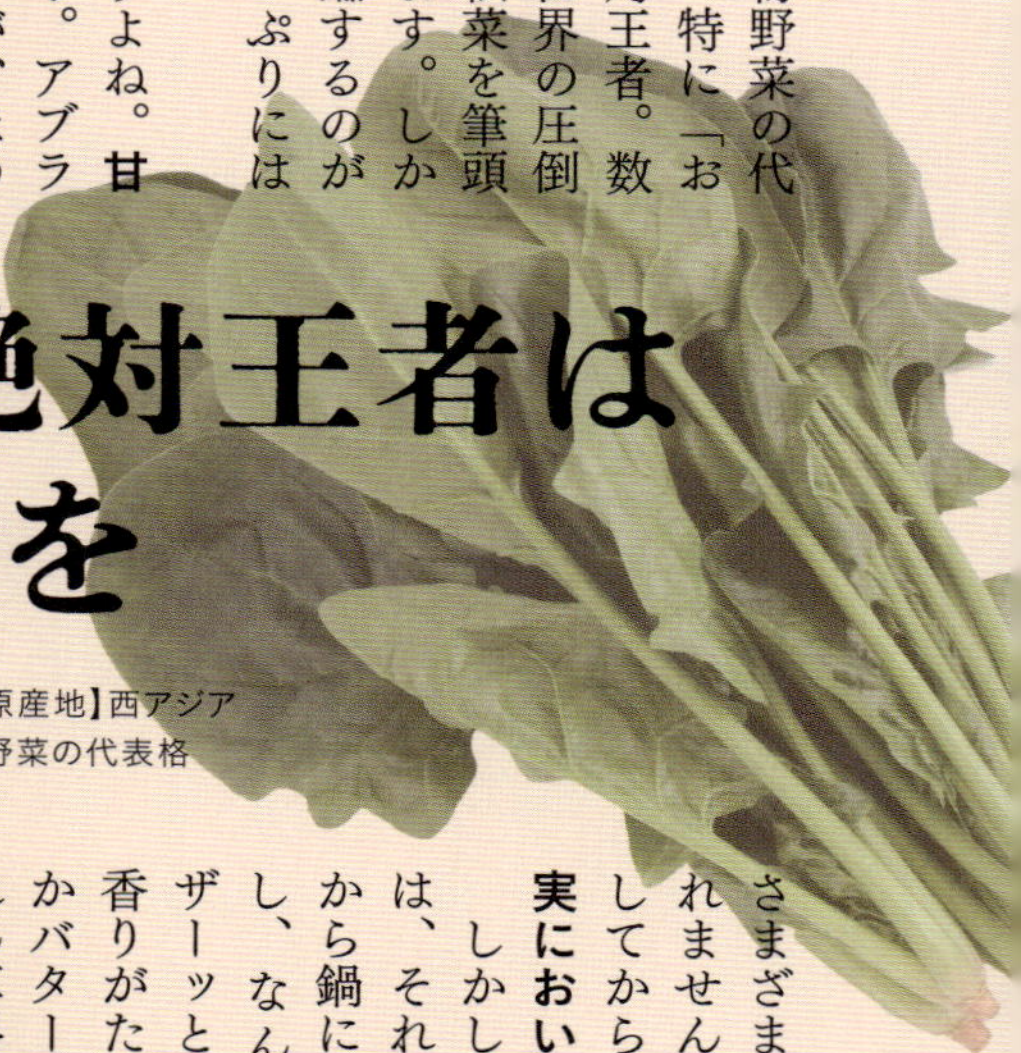

葉物野菜の絶対王者は必ずアク抜きを

ほうれん草

【科・属】ヒユ科・ホウレンソウ属　【原産地】西アジア
【旬の時期】12〜1月　【メモ】葉物野菜の代表格

さまざまなので一概には断定できないかもしれませんが、純粋に味の上で、やはり下ゆでしてから水にさらし、**アクを抜いたほうが確実においしい**、というのが僕の見解です。

しかし、ほうれん草をゆでる、という作業は、それはそれで楽しいもの。茎が柔らかいから鍋に押し込むのもストレスがありませんし、なんといっても鍋のお湯ごとザルにザーッと開ける時の、なんともいえないよい香りがたまりません。この香りに、僕はどこかバターのような香ばしさを感じます。ほうれん草料理定番のバター焼きは、実に理にかなった料理です。バター焼きにせよお浸しにせよ、**ゆでたほうれん草は一度ギュッと水けを絞り、絞った分を補うようにバターやだしを含ませる、というイメージ**で作るのがおいしさのコツです。

葉物野菜の孤高のヒーロー

「お浸し」の世界では、間違いなく絶対王者。

箸休め　ほうれん草で一番味が濃いのは根元の部分。料理に使う時は切り落とすことになるけど、そこをつまみ食いするのは料理を作る人の特権です。ちぢみほうれん草などの赤軸のものは特に美味。

ほうれん草のオイスターバター

ほうれん草はさっと下ゆでして水けを絞り、絞ったところにバターを含ませるイメージで。ほうれん草のバター焼きは普通は塩で味を付けますが、ここをオイスターソースに代えることで、ほうれん草のほのかなエグみと相まってコクのある味わいになります。

材料（2人分）

- ほうれん草 …… 100g
- バター …… 10g
- オイスターソース …… 10g

作り方

① 鍋に湯を沸かし、ほうれん草をさっとゆでる。水にさらして水けを絞り、食べやすい長さに切る。
② フライパンにバターを溶かし、①を入れ、バターを含ませるように中火で炒める。
③ バターが全体に行き渡ったら、オイスターソースを加えてさっと炒め合わせる。

常夜椀

冬に嬉しい、身も心も温まる汁物です。お好みで七味唐辛子を振っても。

材料（1人分）

ほうれん草		50g
A	きほんのだし（P24）	160g
	薄口醤油	10g
	みりん	5g
豚ばら肉（スライス）		30g

作り方

① 鍋に湯を沸かし、ほうれん草をさっとゆでる。水にさらして水けを絞り、食べやすい長さに切る。
② 鍋にAを入れてさっと沸かし、豚肉をしゃぶしゃぶして椀に盛る。
③ アクが出ていたらすくい、①を②の鍋のだしで温めて椀に盛る。
④ だしを沸かし直して椀に注ぐ。

ほうれん草とえびの卵炒め

色合いも鮮やかな中華風炒め。市販のボイルえびを使えば、あっという間に仕上がるご馳走です。

材料（2人分）

A	濃口醤油	6g
	オイスターソース	6g
	酒	6g
サラダ油		10g＋5g
卵		1個
ほうれん草（食べやすい長さに切る）		100g
ボイルえび		50g

作り方

① Aを合わせておく。
② フライパンに油10gを中火で熱し、溶いた卵を炒める。盛り付ける皿に取り出しておく。
③ ②のフライパンを洗わずそのままで、油5gを足して、ほうれん草とえびを炒める。
④ ①を加えて炒め合わせたら、②を加えて混ぜる。

すべてのおいしい野菜はとうもろこしに近づく？

とうもろこし

【科・属】イネ科・トウモロコシ属
【原産地】メキシコ～南アメリカ北部
【旬の時期】6～9月
【メモ】愛を表明できるのは夏だけ

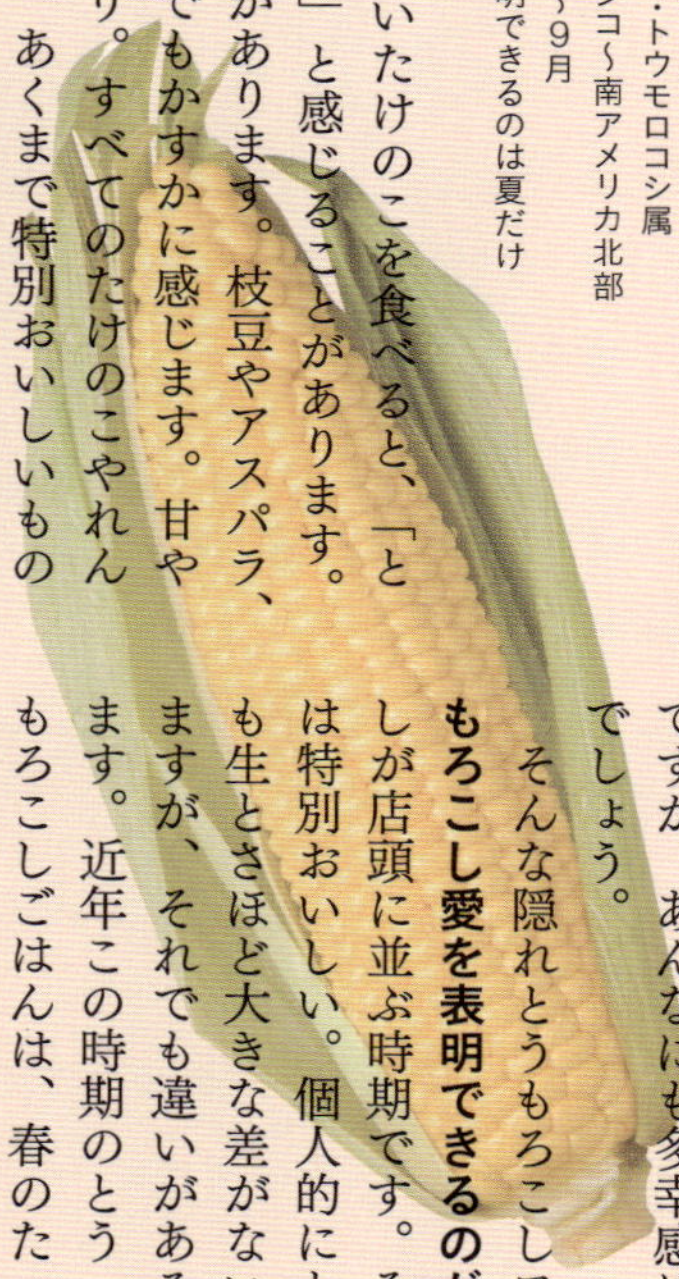

　掘りたてゆでたてのおいしいたけのこを食べると、「とうもろこしみたいな味だなあ」と感じることがあります。れんこんでも同じようなことがあります。枝豆やアスパラ、じゃがいも、にんじんなんかでもかすかに感じます。甘やかでどこか香ばしいような香り。すべてのたけのこやれんこんが、というわけではなく、あくまで特別おいしいものならではの風味です。なので僕は密かに**「すべてのおいしい野菜はとうもろこしに近づいていくのではないか」**という仮説を唱えており、そうなると演繹的に「一番おいしい野菜はとうもろこしである」ということにもなりかねず、それはそれで困ったことです。

　一番かどうかはともかく、とうもろこしは実においしい野菜である、ということに異を唱える人はそういないでしょう。食べる人を選ぶおいしさではなく、**万人を納得せしめるおいしさ。そんなキャッチーさ、そして価格の安さ**ゆえか、とうもろこしは少し安っぽく見られがちなところもあるかもしれません。ランチのミニサラダなんかにちょっとぞんざいにトッピングされる粒コーンを見ると、ついつい「安易だなあ」と思ってしまう。しかし食べるとちょっと嬉しくなります。コーンスープはありふれた料理ですが、あんなにも多幸感に溢れたスープもそうそうないでしょう。

　そんな隠れとうもろこしファンが、**人前でも堂々ととうもろこし愛を表明できるのが、夏。**新鮮な生のとうもろこしが店頭に並ぶ時期です。そして確かにそのとうもろこしは特別おいしい。個人的にとうもろこしは、冷凍や缶詰でも生とさほど大きな差がない野菜のひとつだとは思っていますが、それでも違いがあるかないかでいえば確実にあります。近年この時期のとうもろこしごはんは、春のたけのこごはん、初夏の豆ごはん、秋の栗ごはんと並ぶ定番的な存在になりつつあるように思います。イチとうもろこしファンとして、どこか誇らしいような気持ちです。

おいしい野菜の仮説

すべてのおいしい野菜はとうもろこしに近づいていくのでは。

箸休め　とうもろこしごはんの「実を削いだ後の芯も一緒に炊き込む」という工程の、丁寧な暮らし感というかSDGs感みたいなのもまた今時の作り手の心を満足させている気がする。その工程が実際にどれほどおいしさに貢献しているかどうかとはまた少し別の話。

とうもろこしごはん

とうもろこしの芯とごはんは一緒に炊き、実は別で調理します。この方法だと、バター醤油の香ばしさを最大限に生かせます。

材料（作りやすい分量）

A	とうもろこしの芯	1本分
	米	300g（2合）
	水	通常の水加減（400g）
	塩	3g
B	とうもろこしの実	1本分（150g）
	バター	20g
	濃口醤油	20g

作り方

① 炊飯器の内釜にAを入れ、通常モードで炊く。
② フライパンにBを入れてふたをし、中～弱火で3分蒸し煮にする。
③ ②のふたを取って強火にし、醤油の香ばしい香りが立つまで炒める。
④ 器に炊き上がった①を盛り、③をのせる。混ぜながら食べる。

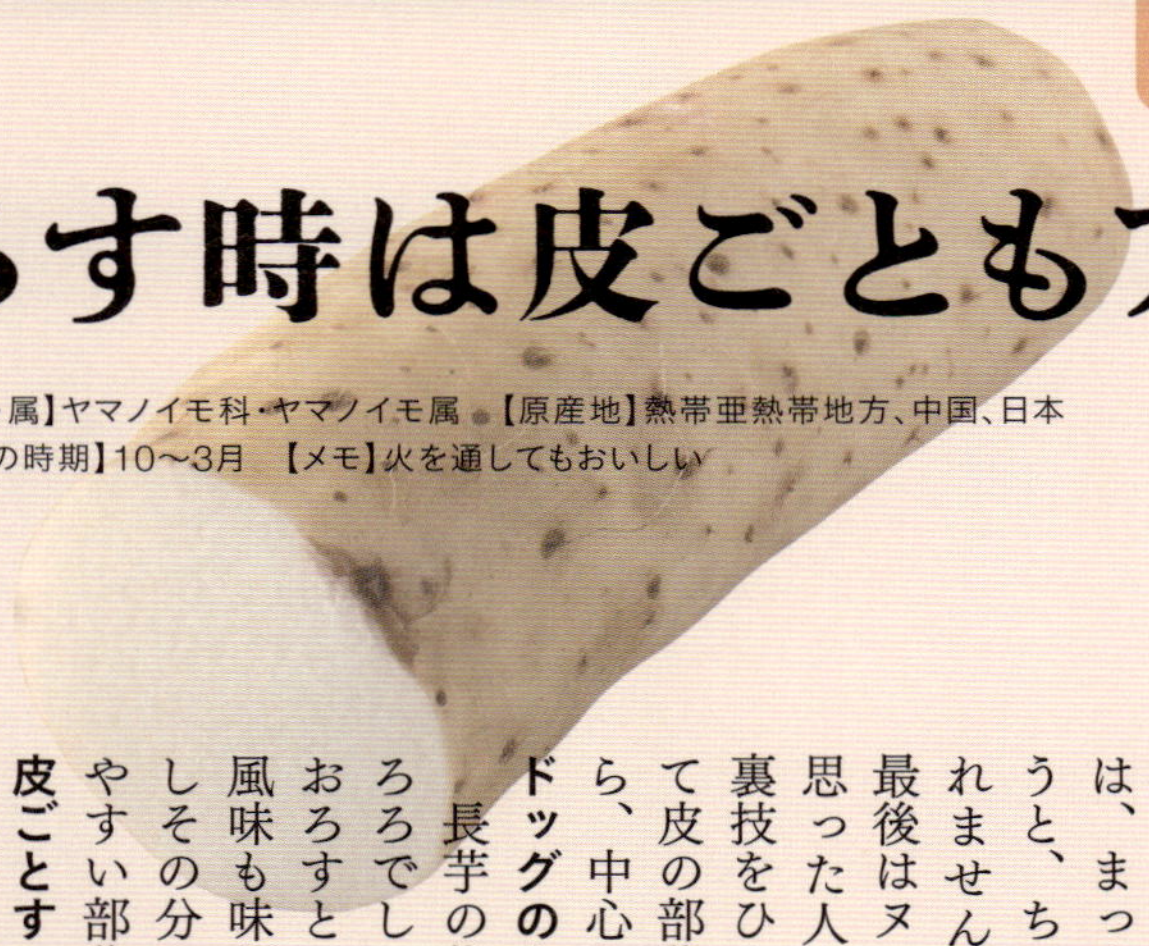

おろす時は皮ごともアリ

長芋

【科・属】ヤマノイモ科・ヤマノイモ属　【原産地】熱帯亜熱帯地方、中国、日本
【旬の時期】10〜3月　【メモ】火を通してもおいしい

　長芋に対して僕は、おいしさ以上の好感を持っています。なぜなら、ピーラーで皮をむきやすいからです。じゃがいもにせよ里芋にせよ、皮むきは結構なストレス。その点長芋は、まっすぐスーッとむくだけです。こういうと、ちょっと待て、と思う人もいるかもしれません。「皮むきの序盤はいいとしても、最後はヌルヌルでむきにくいではないか」と思った人、いますよね。そんな人のために、裏技をひとつお教えします。長芋が短くなって皮の部分を手で支えることが難しくなったら、中心にブスッと箸を刺して、**アメリカンドッグのような状態にしてむく**のです。

　長芋の代表的な料理は、なんといってもとろろでしょう。この時は、皮をむかずにすりおろすという方法もあります。皮ごとすると、風味も味もより濃いとろろになります。ただしその分クセも少し強くなるので、皮をむきやすい部分だけは皮をむいてすり、**最後だけ皮ごとすってほどよくブレンドする**という手もあります。いずれにせよ皮ごとする時は、皮をコンロなどの直火で焼くのがおすすめ。焼き目を付ける必要はありませんが、これによってヒゲ根を焼き切ることができるのです。また結果的に、直に土に触れていた表面を殺菌することにもなるので、プロがよく使う方法です。自然薯に近いような粘りの強いとろろは、なるべくたっぷりのだしを加え、ごはんにかけたら少し沈むくらいのサラサラ加減にのばすのがおいしさのコツです。

　生のイメージが強すぎる長芋ですが、実は**火を通してもおいしい野菜**です。しっかりめに火を通すと芋らしいホクホク感も楽しめますし、ほどよくシャクシャク感を残すのもまたよいものです。ここでご紹介したような焼き物はもちろん、里芋の感覚で薄味の含め煮にしたり、フライドポテトならぬフライド長芋もぜひ。粘りの強い長芋なら、おろしたものをスプーンですくって揚げたり、つみれのように汁に落とすのもおすすめです。

長芋皮むきの裏技

箸を刺してピーラーで皮むきすれば、皮がむきやすくなる。

箸休め　町中華の無料お通しで、小料理屋さんみたいな一品が出てきた……。長芋短冊に天・糸がき※、中華甘酢かと思いきや、土佐酢！　だけどそこに3滴だけラー油。無料でこれはさすがにやりすぎではないだろうか。（※上に細くカットしたかつお節をのせる）

長芋の梅お浸し

長芋のせん切りを、小料理屋さん風の小鉢料理で。

材料（2人分）

A
- 梅干し（タネを取って軽く刻む）……1個（10g）
- 薄口醤油……6g
- みりん……6g
- きほんのだし（P24）……50g

長芋（皮をむいて、せん切り）……100g

作り方

ボウルにAを混ぜて、器に盛った長芋の上からかける。お好みでおろしわさびをのせる。

長芋ステーキ

長芋はさっと焼いて塩を振っただけでもおいしいものですが、ここでは牛肉バター焼きをソースのようにして、堂々たるメインディッシュに仕上げました。

材料（2人分）

長芋（皮ごと1.5cmの輪切り）……150g

A
- 牛肉（切り落とし）……50g
- バター……15g
- 濃口醤油……10g
- みりん……10g

作り方

① フライパンにやや多めのサラダ油（分量外）をひき、中火で長芋の両面をこんがり焼いて、皿に盛る。

② ①のフライパンにAを入れて中火でさっと炒め合わせ、①にかける。お好みで小口切りにしたねぎをのせる。

シャキシャキだけでなく ホクホクもおいしい

れんこん

【科・属】ハス科ハス属　【原産地】中国説、インド説など諸説あり
【旬の時期】11～3月　【メモ】独特の食感が身上

れんこんもちょっと里芋に似たところがあって、基本的にあらゆるれんこんはおいしいけど時々特別おいしいれんこんがある、という野菜です。これも売っている状態ではなかなか見極めが難しいのですが、**加賀蓮根などのブランドれんこんは、当たりの確率がグンと上がります。**

各地にこういう特別なれんこんがあるようですが、栽培に特別手がかかることが多いそうで、少し高くなるのも無理はない、というところなのでしょう。とある農家さんから聞いた話ですが、そこのお父さんは「普通のれんこんよりたいへんすぎるから俺の代で終わりだ」といっており、息子さんは「地場野菜としてブランド化したい」と食い下がって、そこでいつも親子喧嘩が始まるそうです。ある意味イイ話です。だから我々一般消費者も、**時にはちょっぴり贅沢して、そういう野菜を買い支えていこうではありませんか、**という話でもあります。

れんこんは、あの独特なシャキシャキ感が身上です。ほかの野菜にはないれんこん独特の食感ですから、あらゆる場面で重宝されていますね。しかしれんこんはあえて長めに煮るなどして、芋のようなホクホク感を楽しむのもよいものです。特に特別おいしいれんこんは、こうすると甘味や香りをグッと強く引き出すことができます。手羽先とれんこんを醤油とみりんでじっくり甘辛く煮るのは、手軽でおいしいだし要らずの煮物です。隠し味にお酢を少し足すと味に深みが出ます。手羽先を豚ばら肉などに替えてもおいしく作れます。

れんこんの甘味や香りを引き出しやすい調理法としては、天ぷらもあります。個人的に**れんこん料理の最高峰は天ぷら**なのではないかと思っています。噛んだ瞬間、衣の中に閉じ込められていた風味がふわっと立ち上る瞬間は、天ぷらという料理におけるクライマックスのひとつだと思います。

れんこん、ある意味「イイ話」

「俺の代で終わりだ」（父）
「ブランド化したい！」（子）

箸休め　辛子れんこんってよくよく考えたら料理として不思議だ。人間とはれんこんの穴になにかを詰めたくなる生き物であるから、そこに辛子味噌を詰める、そこまではいい。なぜそれに衣を付けて揚げようと思ったのか。

れんこんと鶏皮のきんぴら

鶏皮から脂を染み出させ、れんこんにまとわせながら炒めます。れんこんと鶏の相性は抜群です。

材料（2人分）

サラダ油		少々（5g）
鶏皮（細切り）		40g
れんこん（薄い半月切り）		100g
A	濃口醤油	20g
	砂糖	10g
	七味唐辛子	少々
いり白ごま		3g

作り方

① フライパンに油と鶏皮を入れて弱火にかけ、鶏皮から脂が染み出してカリッとするまで焼く。
② ①にれんこんを加えて炒める。
③ Aを加えて炒め合わせ、仕上げにごまを混ぜる。

たたきれんこんの塩ねぎ炒め

れんこんそのものを楽しむ炒め物。味付けは塩だけですが、れんこんの蒸し煮汁がソースのようにとろりと絡んでおいしさになります。

材料（2人分）

れんこん		100g
A	塩	1g
	水	30g
ごま油		10g
青ねぎ（小口切り）		20g

作り方

① れんこんはまな板にのせ、瓶などで食べやすい大きさにたたき割る。
② フライパンに①とAを入れ、ふたをして中～弱火で5分蒸し煮にする。
③ ふたを取って中火にし、鍋をゆすりながら水分を飛ばす。
④ 少しねっとりしてきたら、ごま油と青ねぎを加えて炒め合わせる。

水煮もおいしいが 生からゆでると やはり格別

たけのこ

【科・属】イネ科・マダケ属
【原産地】ヨーロッパ、西南アジア、インド
【旬の時期】4～5月
【メモ】水煮も活用しよう

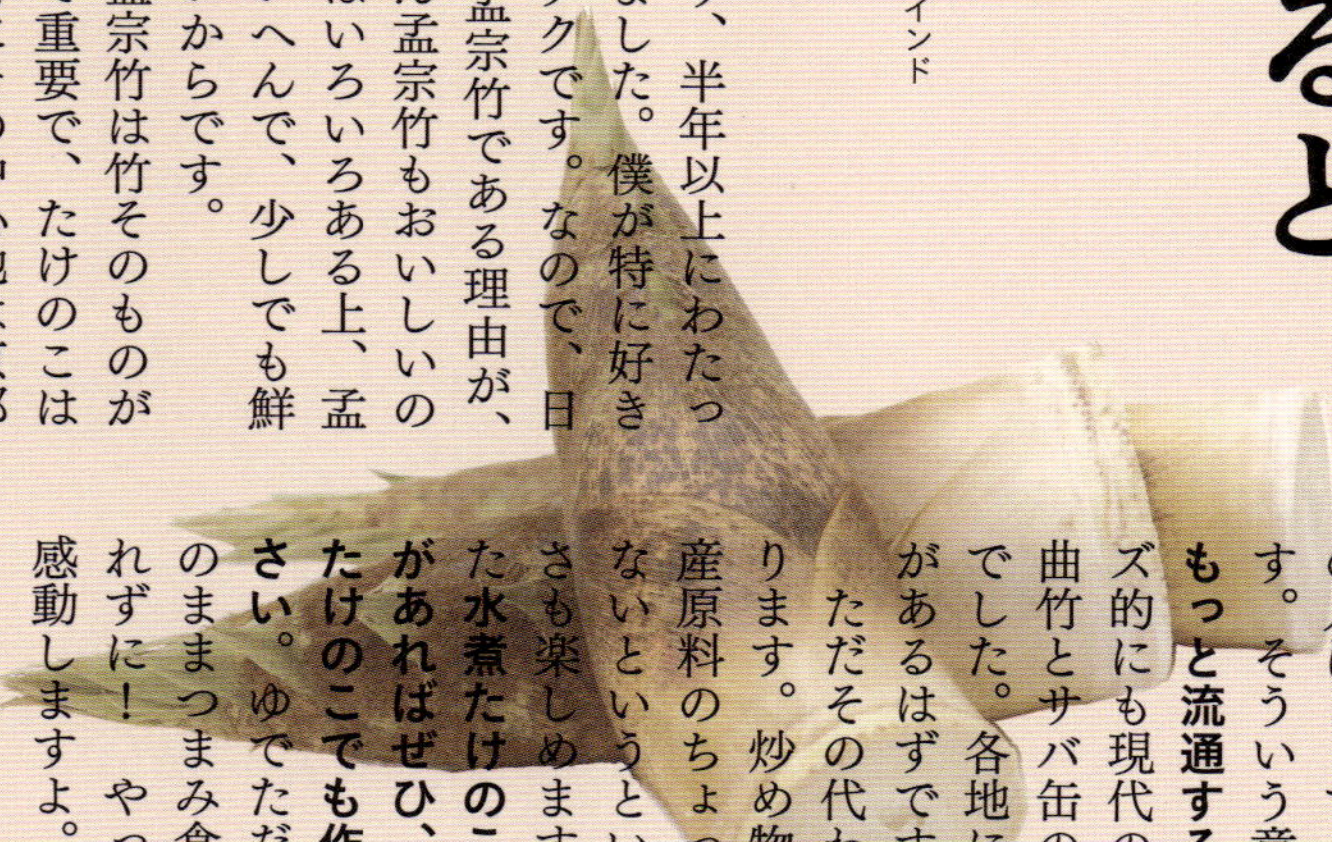

僕の祖父母の家の裏には竹山があり、半年以上にわたっていろいろな種類のたけのこが採れました。僕が特に好きなのは、四角竹（四方竹）、次点でハチクです。なので、日本で流通するたけのこのほとんどが孟宗竹である理由が、僕にとっては長年謎でした。もちろん孟宗竹もおいしいのですが、ほかにもおいしいたけのこはいろいろある上、孟宗竹は下ゆでなどの下処理が特にたいへんで、少しでも鮮度が落ちているとエグみも残りやすいからです。

最近、その謎が少し解けました。孟宗竹は竹そのものが竹細工など工芸品の材料として極めて重要で、たけのこはむしろその副産物だったそうです。特にその中心地は京都であり、それが全国に広まったのだとか。また、京都の孟宗竹のたけのこは特に柔らかく、比較的エグみも少なく、新鮮なものが手に入りやすければ下処理もそうたいへんではない、ということもあるようです。とはいえ、ほとんどの人にとって、孟宗竹の下ゆではやっぱり少したいへんです。そういう意味でも、**ほぼ下ゆで不要な各種たけのこがもっと流通するといいのに**、といつも思っています。サイズ的にも現代の家庭に合ってますしね。長野で出会った「根曲竹とサバ缶の味噌汁」は、それはそれは最高のおいしさでした。各地にこういうおいしいたけのこやたけのこ料理があるはずです。

ただその代わり今は、水煮のたけのこがいつでも手に入ります。炒め物や濃い味の料理ならそれで十分ですし、国産原料のちょっとお高いものなら、生からゆでるのと遜色ないというといいすぎですが、かなりそれに迫ったおいしさも楽しめます。ここでご紹介しているレシピも、そういった**水煮たけのこでもおいしく作れるはずですが、チャンスがあればぜひ、自分でゆでたたけのこでも作ってみてください**。ゆでただけのものをそのままつまみ食いするのも忘れずに！　やっぱりちょっと感動しますよ。

たけのこの謎

流通しているたけのこのほとんどが孟宗竹なのはなぜ？

箸休め　台湾では、夏に収穫される白くて柔らかいたけのこに、まるで練乳のような甘いマヨネーズを付けて食べます。最初は少しギョッとするけど、一度慣れるとヤミツキに。

若筍煮

定番中の定番ですが、やはり神がかり的な取り合わせです。味を含ませた後のたけのこを引き揚げて小さめにカットし、木の芽味噌和えにも展開できます。

材料（作りやすい分量）

ゆでたけのこ（食べやすい大きさに切る）……100g
八方地（P14）……100g
乾燥わかめ（戻したもの）……30g

作り方

① 鍋に八方地、たけのこを入れ、中～弱火で煮る。
② わかめを加えてさっと煮る。器に盛り、お好みで木の芽をあしらう。

たけのこ土佐煮

だしは不要の素朴なおいしさ。

材料（作りやすい分量）

ゆでたけのこ（食べやすい大きさに切る）……100g
水……100g
濃口醤油……20g
みりん……20g
かつおぶし……5g

作り方

鍋にすべての材料を入れて中火にかけ、沸騰したらコトコトと弱火で5分ほど煮含める。器に盛り、お好みで山椒の葉を散らす。

根切りタイプがおすすめ

もやし　【科・属】マメ科・ササゲ属（緑豆もやし）　【原産地】中国、インドネシア
【旬の時期】通年　【メモ】根切りタイプを使おう

もやしの安さはありがたいです。しかもおいしい、調理も一瞬、そしてあの軟弱そうな見た目に反して栄養価も結構高いようで、本当に助かります。しかし正直「さすがに安すぎるのではないか」と不安にもなります。実際、生産者さんはかなりの薄利多売を強いられているようです。

そういうこともあって、僕は普段もやしを買う時「ちょっとだけ高いやつ」を買うことが多いです。39円のではなく69円のものを買う、みたいな感じですね。そしてそれは、実は純粋に自分のためでもあります。ポイントは「**根切りタイプかどうか**」です。些細な差のようですが、これはおいしさに結構大きく影響するのです。1000円の肉を諦めて500円のにするようなことはあっても、もやしは高いといっても差額30円。冷静に考えてそっちを選ばない理由はないと思いませんか？

もやしの使い方でびっくりしたのは、ベトナム料理です。ベトナム料理ではよく、もやしが生のまま使われます。先にいっておくと、これは真似しないほうがいいでしょう。暖かい環境で水耕栽培されるもやしは意外と雑菌が多いからです。生のもやしは独特の青臭さみたいなものがあって、もちろん食感もシャキシャキで、脂っけのある料理とはとても相性がいいのも確かではありますが。

その代わりベトナムやタイでは、**炒める最後に加えて料理を仕上げる**というテクニックもあり、これは取り入れるべきです。雑菌といっても要は表面に火を通せばいいので、例えば野菜炒めや焼きそばを作る時でも、もやし以外の材料を先に炒めて火を通し切ってから最後にさっともやしを炒め合わせるのです。火力の弱い家庭用コンロでプロっぽい炒め物を作るという意味でも、これは使えるテクニックです。ほかの野菜が多少クタッとしてしまっていても、もやしさえシャキシャキしていれば、なんだかお店みたいな野菜炒めになります。

もやしの安さに不安

もやしよ、さすがに安すぎるのではないか。

箸休め　そういえば豆もやし、鹿児島の実家の雑煮によく入ってた。普通の緑豆もやしだときっと完全にコレジャナイになる。ちなみに餅巾着にも、豆もやしが絶対に入っていた（ほかに鶏肉もしくは煮豚とか銀杏だったりムカゴだったり具沢山）。

完璧なもやし炒め

単純だからこそ奥が深いもやし炒め。このレシピでは、もやし以外の材料をあらかじめすべて油に投入しておくことで、最短の炒め時間（15秒）で手早く仕上げるのがポイントです。重要なのは、もやしを投入する時の油の温度。コンロに揚げ物用の温度設定があったら、200℃に設定するとより完璧です。

材料（作りやすい分量）

A	サラダ油	30g
A	にんにく（みじん切り）	5g
A	塩	2g
A	粗挽き黒こしょう	少々（0.2g）
	もやし	200g

作り方

① フライパンにAを入れ、中火にかける。
② 油がしっかり高温になったら、にんにくが焦げる前に強火にしてもやしを加え、15秒炒める。

2回食べられるから実質半額！

豆苗

【科・属】マメ科・エンドウ属　【原産地】中央アジア〜中近東
【旬の時期】通年　【メモ】意外とクセ強野菜

豆苗は、その一見ひ弱そうな見た目に反して、結構クセの強い野菜です。その分栄養価もかなり高いようではありますが、好き嫌いの分かれる野菜であることは確かでしょう。しかしその割にはスーパーでも普通に置かれる定番野菜であり、隠れファンも多いんだろうなあという印象です。

この豆苗人気の正体、案外「もう一度収穫できる」という点もストロングポイントになっているのではないかという気もします。ご存じの通り水耕栽培の豆苗は、根の張ったスポンジ部分を水に浸しておくと、新たな芽が伸びてもう一回食べることができます。2回食べられるから実質半額！　という経済的なお得感もさることながら、人は自分の手で植物を育てることに本能的なヨロコビを感じてしまうものなのではないでしょうか。少なくとも僕はそうです。豆苗を買う動機の半分くらいは育てるためです。うまく育てるには、日当たりのよい窓際が適していますが、理想を言えばやはり外です。ベランダでもいいので直射日光が当たる環境だと、勢いが全然違います。

そんな元気な豆苗をおいしく食べるには、やはり油をうまく使うこと。そしてにんにくやオイスターソースなどのはっきりとした味付けが、青臭いクセをうまくおいしさに変えてくれます。濃い味のドレッシングならサラダもアリです。本書155ページの「完璧なもやし炒め」も、豆苗に置き換えて活用してみてください。

豆苗はもともと中国では高級食材でしたが、今は年間通じて価格も安定しています。葉物野菜が高い時期などは特にうまく活用したいものです。実質半額ですしね！

豆苗のナンプラー炒め

材料と作り方（2人分）

ボウルに豆苗200g、ナンプラー、オイスターソース各10gを混ぜ合わせる。フライパンにサラダ油30g、にんにく（みじん切り）5g、鷹の爪（細かくちぎる）1本を入れ、中火にかける。油がしっかり高温になったら、にんにくが焦げる前に強火にして調味料を混ぜ合わせておいた豆苗を加え、さっと炒める。

箸休め　エスニック風の炒め物は、味付けは炒める直前にボウルの中で済ませておいて、仕上げに一気に高温で炒めるのがコツです。

炒める際はあえて時間差を意識しない

空芯菜

【科・属】ヒルガオ科・サツマイモ属
【原産地】熱帯アジア
【旬の時期】6～8月
【メモ】炒め物は濃いめの味付けに

ネバネバ野菜のおいしさって、ちょっと特別です。空芯菜は**シャキシャキの茎とねばりのある葉**が同時に楽しめ、アジアのさまざまな地域で炒め物に大活躍しています。茎と葉では火の通りやすさに結構差がありますが、炒める際あえて時間差は意識せず、**葉にはやや火を通しすぎくらいのほうが、ネバネバをしっかり引き出せます。**味付けは濃いめがおすすめです。

使える部分は案外少ない

モロヘイヤ

【科・属】アオイ科・ツナソ属
【原産地】中近東
【旬の時期】7～9月
【メモ】葉をむしって使うのが基本

モロヘイヤは茎が硬いので、**葉を中心とした柔らかい部分のみをむしって使うのが基本**です。ただしそうすると使える部分は案外減ってしまい、火を通すとほんのわずかになってしまうのがちょっと残念。なので**ほかの野菜と組み合わせて使うのがおすすめ**です。ここでは少し似た味わいの空芯菜とともに湯引きに。この油を浮かせた湯引きはほかの青菜にも応用できます。

空芯菜とモロヘイヤの湯引き

油を浮かせた湯に青菜をくぐらせる調理法を僕はユビキタスと呼んでいます。中国ではこうして野菜をおいしく食べています。

材料（作りやすい分量）

空芯菜やモロヘイヤなどの葉野菜（ミックスしてもOK）……適量
サラダ油……30g～お好みで
オイスターソース……適量

作り方

① 鍋に湯を沸かし、塩少々（分量外）とサラダ油を加え、葉野菜を数秒ゆでてざるに上げる。
② 皿に盛り、オイスターソースを控えめにかける。

箸休め　実家ではつるむらさきと牛肉やベーコンを炒めるのが定番でした。いつからかモロヘイヤにお株を奪われた気がしますが、つるむらさきに慣れているとモロヘイヤのクセのなさが物足りなかったりもします。つるむらさきは「いなたい」けど、モロヘイヤは「ちょっとおしゃれ」だからか？

あとがき

僕が明確に「自分は野菜好きである」と自覚したのは、もしかしたらインド料理がきっかけだったかもしれません。日本でインドカレーというとチキンやキーマなどの肉系のカレーがまずイメージされるかもしれませんが、実際のインド料理というものは、あくまで野菜料理が中心です。野菜は複数が組み合わされることもありますが、基本的には1種類で、だしやブイヨンのようなものが使われることもなく、味付けは塩のみ。それがなぜかたまらなくおいしいのです。

よくよく考えると、そういうシンプル極まりない野菜料理って、世界中にあるんですよね。フレンチやイタリアンでもメインの肉料理に付け合わされる塩を振って焼いただけの野菜が肉よりむしろおいしく感じられたり、中国料理なら青菜をさっと炒めただけのものがなんだかすごく嬉しかったり。もちろん和食だって例外ではありません。昔から当たり前のように食べてきたお浸しが、妙においしく感じられた瞬間とかってありませんか？

人はきっと、そういう経験を繰り返す中で、いつしか野菜好きになっていくものなのではないでしょうか。子どもの頃から「野菜大好き！」という人はそんなに多くないかもしれませんが、ふと気が付くと、それはかけがえのないものになっている。そうなればしめたもので、季節ごとに旬の野菜が並ぶ売り場は、いつだって宝島のようなものでしょう。

本書ではどちらかというと和食を中心に、そうでないものも含めて特別な食材や調味料はなるべく使わずに、日常にすんなり馴染む料理を紹介してきました。とにかく可能な限りシンプルに徹したので、ここからはみなさんのアイデアでいくらでもアレンジが可能なはずです。時にはちょっと冒険して、世界の野菜料理に挑戦してみるのもいいかもしれません。

ベジ道楽の可能性は無限なのです。

稲田俊輔

著者●稲田俊輔（いなだ しゅんすけ）

料理人。鹿児島県生まれ。京都大学卒業、飲料メーカー勤務を経て、「円相フードサービス」の設立に参加。和食、ビストロなど、幅広いジャンルの事業立ち上げやメニュー開発などを手掛ける。05年より本格的にインド料理に目覚める。11年に南インド料理店「エリックサウス」を開店。『個性を極めて使いこなす　スパイス完全ガイド』（西東社）、『ミニマル料理　最小限の材料で最大のおいしさを手に入れる現代のレシピ85』（柴田書店）など著書多数。

デザイン・DTP	こまゐ図考室
撮影	南雲保夫
イラスト	米村知倫
校正	荒川照実
写真協力	Getty Images、写真AC
編集協力	齊藤綾子

ベジ道楽《どうらく》
野菜《やさい》をおいしく楽《たの》しむための偏愛《へんあい》ガイド

2025年4月30日発行　第1版

著　者	稲田俊輔
発行者	若松和紀
発行所	株式会社 西東社
	〒113-0034　東京都文京区湯島2-3-13
	https://www.seitosha.co.jp/
	電話　03-5800-3120（代）

※本書に記載のない内容のご質問や著者等の連絡先につきましては、お答えできかねます。

ISBN 978-4-7916-3364-7